职业资格许可法律制度研究

吕尚敏　著

浙江工商大学出版社｜杭州
ZHEJIANG GONGSHANG UNIVERSITY PRESS

图书在版编目(CIP)数据

职业资格许可法律制度研究 / 吕尚敏著. — 杭州 ：
浙江工商大学出版社，2019.4
ISBN 978-7-5178-3051-1

Ⅰ. ①职… Ⅱ. ①吕… Ⅲ. ①专业技术人员－资格认
证－法律－研究－中国 Ⅳ. ①D922.114

中国版本图书馆 CIP 数据核字(2018)第 260835 号

职业资格许可法律制度研究
ZHIYE ZIGE XUKE FALV ZHIDU YANJIU
吕尚敏　著

责任编辑	任晓燕
封面设计	林朦朦
责任印制	包建辉
出版发行	浙江工商大学出版社
	(杭州市教工路 198 号　邮政编码 310012)
	(E-mail:zjgsupress@163.com)
	(网址:http://www.zjgsupress.com)
	电话:0571－88904980,88831806(传真)
排　　版	杭州朝曦图文设计有限公司
印　　刷	杭州五象印务有限公司
开　　本	880mm×1230mm　1/32
印　　张	6.5
字　　数	138 千
版 印 次	2019 年 4 月第 1 版　2019 年 4 月第 1 次印刷
书　　号	ISBN 978-7-5178-3051-1
定　　价	28.00 元

目录

导　记 / 001

第一章　背景：职业资格的清理过程 / 003

第一节　职业资格的清理：何以必要 / 003

第二节　职业资格的清理内容 / 007

第三节　职业资格的清理过程 / 010

第二章　案例视角下的职业资格：问题管窥 / 013

第一节　申请职业资格争议 / 014

第二节　职业资格管理中的争议 / 021

第三节　职业资格效力争议 / 027

第三章　职业资格许可的范围 / 033

第一节　职业资格清理遗留的问题 / 033

第二节　职业资格许可的设定标准 / 036

第三节　防止"水平评价类"异化为"准入类"职业资格 / 041

第四章 　**职业资格许可的条件 / 048**

第一节　职业资格许可条件的立法考察 / 048

第二节　技能类条件的设定 / 087

第三节　品行类条件的设定 / 093

第四节　禁止类条件的设定 / 096

第五章 　**职业资格许可的设定 / 103**

第一节　职业资格许可的设定依据 / 103

第二节　职业资格许可的设定内容 / 111

第三节　职业资格许可的设定程序 / 120

第六章 　**职业资格与执业资格的分离与衔接 / 126**

第一节　不同模式的职业资格许可 / 126

第二节　职业资格两种许可模式的比较 / 129

第三节　职业资格许可条件的审查时间 / 131

第四节　职业资格的重新取得制度 / 135

附　录 　【附表一】职业资格清理规范第一批保留目录 / 139

【附表二】历次被废止的职业资格目录(共 8 批) / 144

【附表三】职业资格保留目录(2016) / 154

【附表四】职业资格保留目录(2017) / 165

后　记 / 199

导　论

　　教师资格、医师资格、建造师资格……,我们在社会生活中常常与各种职业资格不期而遇。就学理上而言,职业资格是指公民在从事特定职业前,依法应具备某种特定的学识、技能和品行等条件,并由行政机关对此条件予以确认或直接赋予其行为权利之资格。狭义的职业资格则仅限于其中的行政许可类行为,其本质上属于公民依据公法所获得的一种权利能力。从法律功能来看,我国当下的职业资格实际上表现为以下三种具体形态:

　　一是准入类的职业资格,具有行政许可的性质。如教师资格、法律职业资格、医师资格、注册会计师资格等。

　　二是指特定的资格等级。如副主任医师资格、一级律师资格等。这类职业资格不具有行政许可性质,只是一定的技术等级的证明。这类职业资格通常以取得资格许可为前提。如副主任医师资格须以获得医师资格为前提。

　　三是职业水平评价类的职业资格。如翻译专业资格、消防和应急救援人员资格等。这类职业资格通常由行业协会组织实施,不具有行政许可性质。但需要注意的是,该类职业资格无须以取得资格许可为前提。

　　除了功能各异外,职业资格这一名词在实践中的表述方式亦多种多样,常见的有"职业资格"(如法律职业资格、新闻记者职业资格等)、"执业资格"(如护士执业资格)以及"从业资格"(如会计从业资格)。① 此外,按照人力资源和社会保障部的清理标准,职业资格在实践中还被区分为"专业技术人员"的职业资格和"技能人员"的职业资格。此类划分仅体现了管理对象上的差异,从法律角度看,几无实质意义。名称表述和类型划分上的混乱,某种程度上反映了我国当下职业资格制度在功能定位、设定范围、资格类型上的认识模糊以及设定的随意性。

　　本书重点在于研究准入类(行政许可类)职业资格。但在研究这一问题时,势必也会牵涉到其与另外两类职业资格的关系问题。从研究方法上看,本书立足于对现有立法规范和司法案例的梳理,并从这些梳理中管窥我国当下职业资格在制度设计上的诸多不足。期待在此基础上,能够对我国职业资格制度走向"良法之治"有所助益。

---

① 　吕忠民:《职业资格制度概论》,中国人事出版社 2011 年版,第 7 页。

第一章 背景:职业资格的清理过程

第一节 职业资格的清理:何以必要

一、职业资格的泛滥

据统计,截至 2013 年底,国务院各部门共设置各类职业资格 618 项,其中专业技术人员职业资格 219 项,技能人员职业资格 399 项。同时,各地自行设置的有 1875 项,其中技术人员职业资格 389 项,技能人员职业资格 1486 项。换言之,全国大概有各类职业资格近 2500 项。① 这些职业资格中,既有准入类的,也有水平评价类的。不过,即使名为水平评价类的职业资格,由于其通常由国家部委或全国性的行业协会设置,带有垄断性质,故在实践中亦常常成为或明或暗的准入许可。

自 2007 年以来,国务院对职业资格事项进行了大规模的清理。2007 年 12 月 31 日,国务院办公厅下发了《关于清理规范各类职业资格相关活动的通知》(国办发〔2007〕73 号)。自此展

---

① 王尔德:《人社部:90%地方职业资格应取消》,载《21 世纪经济报道》2015 年 6 月 10 日。

开了历时十年的职业资格清理工作。至 2017 年 10 月,职业资格清理工作基本完成。

二、职业资格的积弊

职业资格的泛滥给社会管理带来了明显的消极后果。我们暂且抛开这些职业资格是否真能达到管制目的不谈,仅就职业资格制度的"显性后果"而言,其多年积弊亦日益凸显。

首先,它限制了劳动者的职业自由。有人或许会认为职业资格只是针对少数人,但是对少数人的正当权利进行限制也可能构成多数人的暴力。并且试想如果我国近 2500 项职业资格都构成或明或暗的职业许可,那么受其影响的就绝不是少数人,而是几乎涉及每一个职业门类。[①]

其次,它提高了劳动者的从业成本。劳动者为了从事某一种职业,就不得不投入巨大的人力、资金和时间成本去考取职业资格。我国近年来"考证热"的形成就足以证明这一点。有些资格考试通过率十分低,从业者为了通过这一考试不得不年复一年地投入资金与时间。[②]

再次,它形成了职业垄断,职业资格的泛滥使得许多领域滋生了"买证卖证"的现象,从而使得职业资格的管制功能几乎丧失殆尽。国务院办公厅的"国办发〔2007〕73 号"文件将职业资

[①] 我国 2015 年版的《职业分类大典》将职业种类分为 8 个大类、75 个中类、434 个小类,共 1481 个职业。若就此而言,我国当下近 2500 种职业资格几乎涵盖了所有的职业门类,可见其影响之广泛。

[②] 关于职业资格的经济成本及效益的分析,美国学者莫里斯·克莱纳有非常详尽的阐述。参见 Morris M. Kleiner: *Licensing occupations: ensuring quality or restricting competition?* Kalamazoo, Michigan: W. E. Upjohn Institute, 2006。

格制度的弊端概括为"考试太乱、证书太滥;有的部门、地方和机构随意设置职业资格,名目繁多、重复交叉;有些机构和个人以职业资格为名随意举办考试、培训、认证活动,乱收费、滥发证,甚至假冒权威机关名义组织所谓职业资格考试并颁发证书;一些机构擅自承办境外职业资格的考试发证活动,高额收费等"。

最后,它形成了一个巨大的利益市场。职业资格考试的主管部门、组织者(如行业协会、企业)、持证者、培训者等都参与了利益分享。但是,这一市场却与职业资格的设定目的几乎没有任何瓜葛。因此,有学者认为,"在公共选择理论的视野中,职业许可是规制俘获、政治屈从或不计代价率性而为的结果。"[1]

三、积弊之成因

(一)行政机关习惯于"管制型"的社会管理模式

管制不仅意味着一种权力,也意味着一种对社会进行有效管理的方式。许可证管理成为一种最简便且常常也能产生一定效益的社会管理模式。职业资格的大规模存在甚至于形成滥设之风,固然有部门、行业利益的因素作祟,但不可否认,它与人们对于职业资格的"功能崇拜"是密不可分的。尽管职业资格管制的实效性从未获得可量化的检验,但人们普遍相信:国家对于某些职业保持准入门槛,将有利于控制、降低该职业给社会公众带来的潜在风险。首先,政府通过组织资格考试,可以确保该职业的从业人员具备较好的职业技能。其次,政府比市场主体更能

---

[1] 高景芳、刘竞涛:《论职业许可制度的成因——一个公共选择理论的视角》,载《河北学刊》2014年第4期。

全面地掌握从业者的品行、诚信等职业信息,因而其判断也更具有权威性。此外,职业资格制度使得政府可以随时通过"许可—处罚"相结合的手段,限制或者排除不合格者继续从事该职业。故而,职业资格制度成为政府控制某种职业固有风险的"调节阀"。人们普遍认为,"在职业市场失灵时,政府应代表国家对职业行为的负外部性和职业市场的信息不对称进行规制,以提高职业市场运行的效率"。①

(二)垄断性利益共享机制的形成

在职业资格管制中,行政机关、行业协会及已获职业资格的人员形成了一种天然性的垄断利益。对于行政机关而言,职业资格许可制度的存在不仅使得该领域成了其"权力范围",可借机形成一支规模不小的管制人员队伍以壮大其权力范围,同时借助于行业协会与每年庞大的报考人员队伍,行政机关还可以坐享其利益分成。对于行业协会而言,职业资格领域的培训、组织考试等是其庞大的利益市场,对其具有非常大的诱惑力。而对于已获得职业资格的人员而言,其"资格"就意味着一种垄断性的、"门槛内"的利益获得机制。许多职业资格考试因其难度较大反而可使通过考试的人员获得巨大的收益。不少职业资格获得者甚至运用"挂证"的手段坐享利益。

(三)法律法规的不完备使得职业资格的弊端被放大

我国《行政许可法》第 12 条明确规定:"提供公众服务并且直接关系公共利益的职业、行业,需要确定具备特殊信誉、特殊

---

① 高景芳、刘竞涛:《论职业许可制度的成因——一个公共选择理论的视角》,载《河北学刊》2014 年第 4 期。

条件或者特殊技能等资格、资质的事项可以设定行政许可。"这一"纯粹授权式"的条款为我国各种许可类的职业资格提供了合法性基础。《劳动法》第 69 条则规定,"国家确定职业分类,对规定的职业制定职业技能标准,实行职业资格证书制度"。《职业教育法》第 8 条也规定,"职业教育实行学历证书、培训证书和职业资格证书制度"。《行政许可法》《劳动法》和《职业教育法》三个法律的连续衔接,完成了从一般法到特别法的延伸,从而构成了我国职业资格合法性的规范基础。[①] 但是,对于职业资格的限制性规定,例如其设立对象、设立范围、设立条件等的限制则几乎不存在或无实际价值,从而使得职业资格的数量泛滥且其弊端日益凸显。

第二节　职业资格的清理内容

一、职业资格的设置

　　广义的职业资格分为职业准入类(行政许可)与职业水平评价类两种。按照国务院文件的规定,职业资格的设置应当在职业分类的基础上统一规划、规范设置。从理论上而言,对于涉及公共安全、人身健康、人民生命财产安全等特定职业(工种),应当依

　　[①]　在职业资格清理以前,我国的许多职业资格都是以各部委颁发的一般行政规范性文件为依据,或者是以行业协会发布的文件为依据甚至无任何依据,只有小部分是以法律、法规或规章作为依据。而根据我国《行政许可法》的规定,部门规章并无创设行政许可的权力。然而,职业资格中准入类(许可类)与水平评价类的混同,为各种职业资格的长期存在提供了合法的外衣。

据有关法律、行政法规或国务院决定设置行政许可类职业资格；对于社会通用性强、专业性强、技能要求高的职业(工种)，根据经济社会发展需要，则可以由行政机关会同相关行业协会制订职业标准，建立能力水平评价制度(非许可类职业资格)。从实践情况来看，职业资格的设置问题是清理工作中最为艰巨的一项任务。

按照国务院通知文件的规定，对重复交叉设置的职业资格应当逐步进行归并。对涉及在我国境内开展的境外各类职业资格相关活动，由国务院人力资源和社会保障部门会同有关部门制订专门管理办法。实际上，近年来国外相关机构(主要是非政府机构)也在我国开展了大量的职业资格考试活动。如 CFA(特许金融分析师)、ACCA(特许公认会计师公会)资格考试等。国外这些职业资格的引进虽然也带来了一些管理上的问题，但从制度借鉴的角度来看，它对于规范我国职业资格的管理可以提供许多有益的启示。

二、职业资格的考试及证书管理

按照国务院的清理要求，组织实施职业资格考试、鉴定活动应与举办单位(机构)的性质和职能一致，不得使用含义模糊的名称或假借行政机关名义开展考试、鉴定活动。在本次清理规范工作中不予保留的职业资格的相关考试、鉴定活动要立即停止。不过从实际执行情况来看，多年形成的职业资格考试及其附生的利益市场若要立即终止又谈何容易。

关于职业资格证书的印制、发放，国务院要求完善各类职业资格证书印制、发放和管理等工作环节的程序和办法，严格规范证书样式和"中国""中华人民共和国""国家""职业资格"等字样和国徽标志的使用。严厉打击违规违法印制、滥发证书等活动。从今后的管理来看,尤其应当禁止"职业资格"一词在非政府机关颁发的所谓资格证书中的使用。

同时,改革完善职业资格证书制度。根据职称制度改革的总体要求,将专业技术人员职业资格纳入职称制度框架,构建面向全社会、符合各类专业技术人员特点的人才评价体系。此外,还应做好技能人员职业资格制度与工人技术等级考核制度的衔接工作,建立健全面向全体技能劳动者的多元评价机制,逐步形成统一规划、规范设置、分类管理、有序实施、严格监管的职业资格管理机制。不过从目前来看,职业资格制度与职称制度、工人技术等级考核制度的衔接方面仍存在较多问题。

三、职业资格的培训与收费

国务院的通知要求严禁强制开展考前培训以及以考试为名推行培训的行为。举办职业资格考试的单位和机构,一律不得组织与考试相关的培训。对超越职能范围或不按办学许可证规定乱办培训的要予以查处,对在培训活动中做虚假宣传和忽视培训质量的要予以纠正。实际上,考试与培训永远是紧密相连的。与其说是要禁止培训,不如说是要规范培训行为。对于职业资格考试,应当实行"考培分离"制度,禁止考试机构举办培训。对于社会组织开展的培训行为,则应建立相应的管理制度予以规范。

此外,对于职业资格考试中的收费行为亦应予以规范。各类职业资格考试、鉴定等有关收费,应符合国家和地方的相关收费政策。国家机关组织、实施各类职业资格考试,不得以营利为目的。但是,对于社会培训机构的培训行为,则应当允许其在符合政策指导性规定的前提下收费。

第三节　职业资格的清理过程

国务院"国办发〔2007〕73 号"通知要求职业资格清理工作应于 2008 年 4 月 30 日前完成。不过,这一设想未免太过于乐观。从实际情况来看,这一工作在时隔十年后即 2017 年才算基本完成。

回顾这一清理过程,或许有助于我们管窥职业资格存废的基本逻辑及其遗留尚待解决的诸多疑难问题。

一、摸索阶段

这一阶段的基本内容是:自 2007 年开始清理,直至 2012 年 5 月 11 日公告保留 265 项职业资格。

2012 年 5 月 11 日,人力资源和社会保障部(下称"人社部")经国务院同意发布公告。纳入第一批公告保留的职业资格有 265 项,其中准入类职业资格 36 项(参见附表一)。

需要说明的是,此次公告保留的清理目录虽然名为"第一批",但实际上此后紧接着 8 批公告的都是"取消(废止)"的目录,而非保留事项的目录。只是在连续 8 次公告取消的目录后,才又再次公布了保留事项的目录(2016 年 12 月和 2017 年 10 月)。此后两次公布的"保留"事项的目录都是在前一次基础上进行调整与修正,而非增加。因此,2012 年 5 月 11 日公布第一批保留的目录实际上并未有后续的批次增加。

这一过程也表明,主管部门在第一次清理公告保留的目录后,实际上发现了简单地确认"保留"事项并逐批增加并不能达到清理的目标。因此,随后的清理从"加法模式"转变成了"减法模式",即对现有的职业资格先梳理,然后逐批废止,逐步地减少,最后才确定一个保留的事项目录。实践表明,这样的清理方式更有利于达成减少、规范职业资格的目标。

二、逐步废止阶段

这一阶段的基本内容是:自 2014 年 8 月至 2016 年 12 月分 8 批共废止 519 项职业资格。

2014 年后,国务院和人社部连续 8 次发布取消职业资格项目的公告,累计共取消 519 项职业资格(含准入类和水平评价类)。各批次被废止的职业资格数量见表 1-1(详情可同时参见附表二)。

表 1-1　2014 年以来各批次被废止的职业资格数量表

批次序号	发布时间	文件编号	废止数量	批次序号	发布时间	文件编号	废止数量
1	2014-08-12	国发〔2014〕27 号	11 项	5	2015-11-19	人社部令第 26 号(《人力资源社会保障部关于废止〈招用技术工种从业人员规定〉的决定》)	90 项
2	2014-10-23	国发〔2014〕50 号	67 项	6	2016-01-20	国发〔2016〕5 号	61 项
3	2015-02-24	国发〔2015〕11 号	67 项	7	2016-06-08	国发〔2016〕35 号	47 项
4	2015-07-20	国发〔2015〕41 号	62 项	8	2016-12-01	国发〔2016〕68 号	114 项

三、初步确认保留项目阶段

这一阶段的基本内容是:在经过了 8 批的废止以后,2016 年 12 月 16 日,国务院公布了拟保留的 151 项职业资格的目录,其中专业技术人员 58 项、技能人员 93 项(参见附表三)。与 2012 年 5 月 11 日公告保留的 265 项职业资格相比,此次保留事项已经被大幅度地压缩,只保留了第一次清理后数量的 57%。可见,在此期间四年多的清理还是产生了非常明显的效果。

四、定型与完善阶段

这一阶段基本内容是:2017 年 10 月 24 日,人社部在其网站上发布了最终的《国家职业资格目录》,共计 140 项,其中含准入类 41 项、水平评价类 99 项(参见附表四)。至此,职业资格项目的清理工作才算完成。自此以后,行政机关只需在此基础上根据法律、法规和规章的变化适当调整相应的职业资格种类即可。例如,2017 年 11 月 4 日,《会计法》经修改后,会计从业资格已被取消。至此,我国职业资格的数量已处于相对稳定状态。

第二章 案例视角下的职业资格:问题管窥

要想了解职业资格制度在实践中面临的诸多难题与挑战,莫过于梳理司法实践中的相关争端与案例。鉴于本项研究的重点在于探求当下职业资格许可在制度设置上所面临的问题,因此本项研究仅限于梳理职业资格争端中的行政案例。根据笔者对"中国裁判文书网"中相关案例的梳理与统计,截至 2017 年 6 月 28 日,在去除非行政的案例以及案情类似、二审和再审的案例后,涉及职业资格的行政案例共计 105 个,相关类型统计见表 2-1。

表 2-1 职业资格行政案例统计表 ①

案例类型	建造师资格	医师及乡村医生资格	法律职业资格	焊工	会计师资格	导游资格	教师资格	造价工程师	资产评估师	护士执业证	注册建筑师	执业药师
案例数量	30	18	14	9	8	7	7	4	3	2	2	1
案例总数	105											

为便于从学理上展开分析,本项研究将职业资格行政争议进一步归纳为 3 种类型:申请职业资格争议、职业资格管理中的

---

① 数据来源:中国裁判文书网。数据统计截至 2017 年 6 月 28 日。统计数据中已去除二审、再审、非行政案例以及案情类似的案例。

争议以及职业资格效力争议,并在下文将相关典型案例做了整理。

第一节 申请职业资格争议

一、职业资格考试违纪处理争议

【案例】 (资格考试作弊认定)2015 年 9 月 20 日,原告冯某在福建工程学院(鳝溪校区)考点第 037 考场参加 2015 年一级建造师资格考试。考试结束后,监考老师在清点试卷时,发现缺少 17 号考生的空白试卷题本,遂报告主考室。考务人员致电原告冯某询问试卷事宜。随后原告冯某将该考场缺少的试卷题本送回主考室。福建省人事考试中心认定原告将他人试卷带出考场的违规违纪事实,根据《专业技术人员资格考试违纪违规行为处理规定》(人社部令第 12 号)第 7 条第 3 项的规定做出"当次全部科目成绩无效,2 年内不得参加各类专业技术人员资格考试"的处理。冯某认为此系在走廊拾得试卷,故诉至法院。①

二、职业资格许可条件争议

【案例 1】 (兼职律师的资格许可)方某于 2009 年通过国家司法考试,后到四川经河律师事务所实习一年,于 2010 年 8 月 25 日向雅安市司法局申请律师执业证许可。雅安市司法局

---

① 参见(2017)闽 01 行终 103 号行政判决书。类似案件可参见(2015)海行初字第 482 号、(2015)海行初字第 478 号行政判决书。

拒收申请材料,口头答复因起诉人是在职教师,待研究后再定。此后曾答复说:省司法厅的意见是起诉人系在职人员,需调入司法行政部门或大专院校方可办理,后一直未履行行政许可行为。原告向法院起诉。[①]

【**案例 2**】　(司法考试中的学历认证)贾某于 2015 年以 337 分的成绩通过了司法考试,但因学历达不到认证,而未获得法律职业资格。贾某认为其报名时,司法部已经审查通过,成绩也达到合格分数线,且自己是 1988 年进入中国逻辑与语言函授大学学习。该校是 1983 年 8 月 21 日经北京市成人教育局第 085 号文件批准立案,同年 10 月 7 日得到教育部成人教育司第 027 号同意办学批复,故其持有的法律大专毕业证是正规合法的。但内蒙古巴彦淖尔市司法局经审查认为贾某提交的学历信息材料,未能通过教育部学历认证机构核验,故要求其补正而贾某未予以补正。[②]

【**案例 3**】　(基层法律服务工作者资格)2015 年 10 月 8 日,原告成某向南通市通州湾社保局提交考核授予基层法律服务工作者执业资格的申请材料,要求被告初步审查并上报其申请的材料。同年 10 月 19 日,被告电话告知原告,经请示上级司法机关,现授予对象仅限通过司法考试的律师或公证员,要求原告补充提交司法考试成绩合格证书。但成某认为基层法律服务工作者无须通过司法考试,故引发诉讼。[③]

【**案例 4**】　(申请追认法律资格)崔某在 1988 年参加律师

---

①　参见(2015)雨城行初字第 43 号行政裁定书。

②　参见(2016)京行终 2875 号行政裁定书。

③　参见(2015)东行初字第 00549 号行政判决书。

资格统一考试,其在 2014 年向被告广西壮族自治区司法厅申请追认其律师资格,被告广西区司法厅认为其自身并无追认其律师资格的职权,原告崔某的追认申请并无法律依据,且被告认为律师资格考试制度早已退出历史舞台,即使是通过律师资格考试也不能再颁发律师资格证书,何况崔某当年考试总分只有318 分,没有达到司法部规定的考试合格标准,其申请民族照顾加分和所在地照顾加分的要求也不符合规定。崔某遂诉至法院。①

【案例 5】（不同专业的资格考试科目不能通用）陈某在 2013年通过了二级建造师资格考试建筑工程专业的两个科目"建设工程施工管理"与"专业工程管理与实务",2014 年报考二级建造师机电工程专业时又通过了"建设工程法规及相关知识",根据宁夏回族自治区人事考试中心所发的考试通知,在连续两个考试年度内通过 3门考试科目的可以取得二级建造师执业资格的规定,被告应为其发放建筑工程管理二级建造师执业资格证。但经主管部门审核,陈某分别参加了两个专业的考试,根据考试通知的规定不能将报考机电工程专业通过的"建设工程法规及相关知识"科目成绩合并计算到建筑工程专业内,故主管机关认为其不符合取得职业资格证的条件。②

【案例 6】（教师资格体验合格标准）王某系先天单眼视力完全失明的自然人,从事幼儿教育工作近十年。王某 2016 年 6月 21 日在中国教师资格网上申报教师资格,但此后在医院体检

---

① 参见(2015)南市行一终字第 157 号行政判决书。
② 参见(2016)宁 01 行终 63 号行政判决书。

后,医生因王某仅单眼有视力,遂在体检表上的医生签字栏里写上了"不合格"结论。义乌市教育局遂认定其体检不合格,认证不能通过。法院经审查后认为,被告认定体检不合格的依据是《浙江省教师资格认定及体检标准和操作规程》。根据该文件第一条第(十一)项规定,青光眼和视网膜、神经疾病(陈旧性或稳定性眼底病除外)为体检不合格,原告体检结果为右眼义眼无眼球,并不属于该文件第一条第(十一)项规定的情形。故法院最后撤销了被告不予认定教师资格的决定。①

【案例7】(因学历未达要求申请医师资格被拒)彭某自1980年开始在溆浦县从事口腔医疗服务。1985年至1997年期间先后取得"个体医生证"等证书。2012年9月28日湖南中医药大学湖南南洋专修学院函授站、湖南省怀化市民族民间医药学会给原告颁发了"结业证书"。按照卫生部"卫人发〔2000〕117号"文件规定,个体行医人员可以直接进行医师资格认定。但县卫生局认为彭某在1998年6月26日以前没有获得医学专业技术职务任职资格,也没有国家承认的中专以上医学专业学历,故彭某不具有申请医师资格认定条件,因而做出了不予医师资格认定上报的决定。②

---

① 参见(2016)浙0702行初116号行政判决书。

② 参见(2016)湘1224行初14号行政判决书。因医师资格认定尤其是乡村医生资格认定以及由此引起的非法行医争议等案件较多,类似案件还可参见(2014)云罗法行初字第33号、(2015)遵行法行终字第318号、(2016)辽1481行初68号、(2014)西中行终字第00154号、(2014)融行初字第35号、(2014)新行初字第07号、(2016)渝01行终530号行政判决书以及(2016)京02行终777号、(2015)青行终字第189号、(2016)黑11行终64号、(2017)豫0403行审15号等行政裁定书。

三、职业资格许可登记与注册争议

【案例 1】 （年度注册登记行为的可诉性问题）张某 2000 年提前退休后参加司法考试，被贵州省司法厅录用为法律服务工作者，颁发了执业资格证和上岗证。2013 年 8 月 3 日德江县司法局领导指责原告并称"从今天起吊销你的执业证，停业下岗"，并令行禁止通报全县，原告被迫停业下岗。2014 年 3 月 18 日又以中心所名义做出"对张某不予注册决定书"。法院认为，年度注册登记系司法行政管理机关对基层法律服务工作者的内部管理行为，是不可诉的行政管理行为。①

【案例 2】 （第三人对护士资格的异议）2014 年 10 月 28 日，原峨眉山市卫生局发放的编号为 201451019080 的"护士执业证书"，许可张某自 2014 年 10 月 28 日起在峨眉山市人民医院从事护士执业活动。李某认为，根据国务院《护士条例》的规定，原峨眉山市卫生局作为县级卫生行政主管部门无权实施护士执业行政许可，其允许护士执业的行政许可已超越法定职权，属违法实施行政许可，②故诉至法院。

【案例 3】 （漏报医生资格）申某依据内蒙古自治区卫生厅的内卫蒙字〔2008〕249 号文件申报医生资格，但由于赤峰市红山区卫生局漏报、逾期上报，导致原告医师资格未能被认定。2014 年 9 月 18 日，申某通过信访，要求解决其申报医生资格的问题。2014 年 12 月 29 日，红山区卫生局认为赤红卫发〔2014〕

---

① 参见（2016）黔 0624 行初 65 号行政裁定书。
② 参见（2016）川 11 行终 77 号行政裁定书。

185 号《关于申某申诉的答复》,对其信访申诉不予受理。后申某诉至法院。①

【案例 4】 (迟延颁发职业资格证)肖某于 2001 年 1 月即通过国家一级注册建筑师考试全部科目,可直至 2014 年 7 月 28 日才取得"一级注册建筑师执业资格证"。肖某认为人社部与住建部因过错导致其迟延 13 年才获得资格证书。经查,之所以出现肖某反映的上述问题,系源于肖某作为考生一人持有两个考生档案号,人社部考试中心当时对肖某双档案号问题的发生并不知情。根据全国注册建筑师管理委员会注建〔2000〕13 号文件规定:老考生必须准确无误地填涂档案号,因档案号错涂、漏涂而引起的后果考生自负。故人社部认为肖某应自行对此承担责任。②

【案例 5】 (职业资格废止)大连某批发市场要求确认辽宁省财政厅超越职权许可张某等 3 位注册资产评估师评估其房地产的行为违法。法院审查后认为,2004 年 5 月 19 日颁布的《国务院关于第三批取消和调整行政审批项目的决定》(国发〔2004〕16 号),国务院决定改变管理方式、不再作为行政审批、实行自律管理的行政审批项目目录(39 项)中包括"注册资产评估师执业资格"。故自 2004 年 6 月起,注册资产评估师不再作为行政审批项目,被告辽宁省财政厅亦不具有审批职权,故原告的该项

---

① 参见(2015)赤行终字第 80 号行政裁定书。

② 参见(2016)京行终 1213 号行政判决书。关于一级注册建筑师的争议还涉及人社部、建设部因未在 2016 年度安排该资格证的考试而引发的行政不作为之诉。参见(2016)京行终 3186 号行政裁定书。

诉求不是行政诉讼的审查范围。①

四、延续注册许可争议

【案例 1】 （护士延续注册）2015 年 1 月 15 日，李某父亲因腹痛到峨眉山市人民医院就医，后因抢救无效死亡。王某是医方组织抢救的主要医护人员之一。2013 年 11 月 22 日，原乐山市卫生局在王某取得的"护士执业证书"上做出延续注册行政许可。李某认为，该延续注册的许可超越法定职权，要求法院确认其违法。②

【案例 2】 （建造师延续注册）2014 年 8 月 15 日，晋江市水利局收到第三人华城公司投诉崇仁县水电建筑安装公司项目经理陈某的"二级建造师临时执业证书"未按规定办理延续注册，要求取消原告第一中标候选人资格的《举报件》等投诉材料。晋江市水利局经调查后认定，陈某"二级建造师临时执业证书"有效期限至 2013 年 2 月 9 日，陈某未依照相关规定申请延续注册，遂做出取消该公司第一中标候选人的资格的决定。法院经审查后认为，该决定适用法律法规错误。③

---

① 参见(2016)辽 01 行终 431 号行政裁定书。
② 参见(2016)川 11 行终 74 号行政裁定书。
③ 参见(2016)闽 05 行终 60 号行政判决书。

第二节　职业资格管理中的争议

一、扣押职业资格证争议

【案例】（扣押资格证书）绍兴市越城区人力资源和社会保障局于 2016 年 1 月 15 日接到何某投诉,称浙江巨星建设集团有限公司扣押职工何国海一级建造师职业资格证、一级建造师注册证、工程师中级职称证、市政质检员岗位证。2016 年 3 月 23 日,绍兴市越城区人力资源和社会保障局向浙江巨星建设集团有限公司发出并送达了《劳动保障监察限期改正指令书》,责令浙江巨星建设集团有限公司于 2016 年 3 月 27 日前返还何某上述证件,但浙江巨星建设集团有限公司逾期未返还。尔后,绍兴市越城区人力资源和社会保障局向法院申请强制执行。①

二、职业资格行政处罚争议

【案例 1】（吊销导游证）昆明市旅游发展委员会下属的昆明市旅游监察支队于 2015 年 11 月 27 日发现河北经济频道今日资讯曝光旅客零付团费游云南,不买或消费少遭发飙导游训斥。在参加云南滇美国际旅行社旅游团队时,游客周某称导游江某在旅游过程中,欺骗、胁迫旅游者购物消费。昆明旅发委经调查认为,导游江某在旅游过程中欺骗、胁迫旅游者消费,情节

---

① 参见(2016)浙 0602 行审 00087 号行政裁定书。类似案例可参见(2013)通中行终字第 0111 号行政判决书。

严重,依据《旅行社条例》第 59 条第(三)项的规定,决定给予江涛做出吊销导游证的行政处罚。①

【案例 2】 (无证导游受处罚)王某未取得导游证却从事导游活动,厦门市旅游局根据《中华人民共和国旅游法》第 102 条规定,同时依据《福建省旅游行政处罚裁量基准(暂行)》作出行政处罚决定如下:责令被执行人改正,罚款人民币 4000 元整并予以公告。②

【案例 3】 (无焊工资格证)2016 年 4 月 15 日 16 时 05 分许,中山市全鑫五金有限公司员工周某(无焊工证)在公司生产车间 3 号炉进行上料生产工作,因 3 号炉上料口的不锈钢传送钢带焊接口脱焊有裂缝,周某便拿起 3 号炉旁边的电焊机对不锈钢传送带进行焊接。在焊完一侧后,周某绕着 3 号炉上料口走到另一侧时触电倒地。同一车间工作的何某、兰某等工人见状后对周某进行救援,在救援过程中,何某左手被钢板划致轻伤,周某经过现场抢救无效死亡。中山市安全生产监督管理局决定对全鑫五金有限公司处以人民币 250000 元罚款,该公司对处罚决定不服遂向法院起诉。③

【案例 4】 (虚假验资受处罚)苏州某会计师事务所于 2011 年 9 月 28 日接受一公司委托,对该公司截至 2011 年 9 月 28 日已登记的注册资本第 3 期实收情况进行审验,并出具苏东信验

---

① 参见昆明市呈贡区人民法院(2016)云 0114 行初 37 号行政判决书。
② 参见福建省厦门市思明区人民法院(2015)思执审字第 2 号行政裁定书。因未取得导游证而受处罚的案例还有(2015)思执审字第 3 号、(2015)琼行终字第 79 号、(2013)清中法行终字第 10 号、(2015)德中行终字第 70 号行政判决书等。
③ 参见(2017)粤 20 行终 49 号行政判决书。类似案例还可参见(2014)港行初字第 00053 号行政判决书。

字〔2011〕第 643 号验资报告，报告日期为 2011 年 9 月 28 日，签字注册会计师为王某、戈某。调查发现，注册会计师在审验过程中未按审计准则要求履行相关审计程序。根据调查发现的问题，江苏省财政厅拟对相关注册会计师做出相应处理。①

【案例 5】　（司法鉴定人员资质的使用）2016 年 3 月 21 日，马某、罗某、邓某认为湖南某会计公司出具鉴字〔2015〕第 880 号《鉴定意见书》的行为存在违法，鉴定人员张某、赵某违法使用华欣司法鉴定中心鉴定资质，故向湖南省司法厅投诉。湖南省司法厅认为，该会计公司不是经司法行政机关登记管理的司法鉴定机构，张某、赵某两名司法鉴定人没有违反《全国人大常委会关于司法鉴定管理问题的决定》的相关规定。②

【案例 6】　（违规审计受处罚）2015 年 2 月 3 日，江西证监局对中磊会计师事务所有限责任公司注册会计师李某、熊某作出行政处罚决定书，决定对李某、熊某分别给予警告并处以 3 万元罚款的行政处罚。中磊所李某、熊某系成城股份 2011 年报、2012 年报审计签字注册会计师。对于成城股份相关投资中会计处理的异常，中磊所未追加必要的审计程序，导致审计报告内容出现虚假记载。③

【案例 7】　（吊销建造师资格证）2010 年 11 月 15 日，上海市静安区胶州路 728 号公寓大楼节能综合改造工程发生特别重大火灾事故，造成 58 人死亡。经国务院事故调查组查明，该事

---

①　参见〔2014〕苏中行终字第 00098 号行政判决书。

②　参见〔2016〕湘 01 行终 1005 号行政判决书。

③　参见〔2016〕京 02 行终 1587 号行政判决书。类似案例还可参见〔2014〕鼓行初字第 129 号行政判决书。

故是一起因企业违规造成的责任事故。范某作为该工程的项目经理,未依法履行项目经理职责,施工现场管理混乱,管理制度和操作规范不落实,建设部决定给予范某吊销一级建造师临时执业证书且终身不予注册的行政处罚。范某不服诉至法院。①

【案例 8】 (医院任用不合格人员被处罚)2012 年 12 月 19 日,江门市蓬江区卫生局作出行政处罚决定。区卫生局认定,蓬江区西区卫生院擅自超范围开展中医美容诊疗活动,非法擅自任用执业助理医师,执业范围为妇产科专业的庞某从事中医美容诊疗活动,并任用非卫生技人员黄某从事卫生技术工作。卫生局对该卫生院做出罚款 26800 元和吊销"医疗机构执业许可证"的行政处罚。②

三、注销职业资格证争议

【案例】 (民办教师任用证)2012 年 9 月 25 日陆某以 1986 年 9 月至 2002 年 8 月任民办教师 16 年,持有贵州省教委颁发的中小学"民办教师任用证书"为由,向平塘县教育局申请要求享受民办教师同等待遇。县教育局经调查后,于 2013 年 8 月 30 日做出《关于对陆某等同志民办教师任用证予以注销的决定》。结论为:1992 年全县民办教师清理整顿时,甘寨乡教育站为保留民办教师指标数,违规将陆某的实际任教时间 1987 年 9 月更改为 1986 年 9 月。教育局主管部门按甘寨乡教育站上报的花名册颁发了陆某的"民办教师任用证书",违反了国家教委、

---

① 参见(2013)一中行初字第 3886 号行政判决书。
② 参见(2013)江蓬法行初字第 19 号行政判决书。

劳动人事部、国家计委(86)教计字 189 号、贵州省教委黔教劳通〔1992〕300 号文件的相关规定,故对陆某的"民办教师任用证书"予以注销。[①]

四、职业资格信息公开争议

【案例 1】　(申请公开法律职业资格考试信息)2014 年 4 月 18 日,吴某以挂号信方式向江苏省司法厅提出政府信息公开申请,请求江苏省司法厅公开"苏州市吴中区人民法院行政审判庭法官周某某法律职业资格申报材料复审、颁发资格证书的底档、留存材料等信息"。法院认为吴某未提供证据证明其申请公开的信息与其生产、生活、科研等特殊需要有关,故裁定不予受理。[②]

【案例 2】　(吊销公开资格考试文件)郑某于 2016 年 1 月 5 日向司法部提交了《信息公开申请表》,所需信息名称为司法部于 2015 年 12 月 21 日发布《关于完善国家统一法律职业资格制度的意见》(以下简称《意见》)。郑某申请公开:(1)该《意见》中专业学历条件的具体条文;(2)专业学历条件的决策过程;(3)参与《意见》的建议渠道。2016 年 1 月 25 日,司法部发出告知书,认为郑某申请公开的事项涉及《意见》的具体内容、制定过程,该《意见》由中办、国办印发,为秘密级文件,故不属于公开范围。[③]

[①]　参见(2014)黔南行终字第 103 号行政判决书。

[②]　参见(2014)苏行诉终字第 0133 号行政裁定书。类似案例还可参见(2014)苏行诉终字第 0103 号行政裁定书及(2016)苏 06 行终 175 号行政判决书。不过,在(2016)苏 06 行终 175 号行政判决中,法院则以"涉诉信息属于司法行政工作秘密"驳回了原告的上诉。

[③]　参见(2016)京行终 3741 号行政裁定书。

【**案例3**】 （申请核查司法考试分数）2015 年 11 月 26 日，蔡某向珠海市司法局提交了《司法考试成绩查分申请》，要求核查其 2015 年参加国家司法考试试卷一、试卷二、试卷三和试卷四的分数，并载明四卷的分数分别为：试卷一 68 分、试卷二 66 分、试卷三 52 分、试卷四 74 分，总分 260 分。司法局对其申请不予受理。[①]

【**案例4**】 （申请公开考试答卷）2013 年 6 月 26 日，中国注册会计师协会就马某提出的政府信息公开申请通过手机短信方式向其告知：经专家对考试机日志等检查，您的答题内容和答题过程完整保存。根据《政府信息公开条例》，不予公开您的答卷、答题过程记录及评分记录。法院认为，上述信息属于中国注册会计师协会履行职责过程中制作或获取的内部管理的相关信息，其并不具有最终的正式性、准确性及完整性，故支持被告的答复意见。[②]

【**案例5**】 （申请公开外国专家信息）方某是加拿大中英文幼儿园的幼儿的家长。2014 年 4 月 29 日，方某以书面形式向广州市白云区教育局提交政府信息公开申请书，申请公开：(1)加拿大中英文幼儿园聘请外国专家单位资格材料（包括但不限于认可证书及幼儿园申请材料）；(2)2010、2011、2012、2013 学年加拿大中英文幼儿园所有外籍教师在中国居住资格、任职资格资料和身

---

① 参见(2016)粤 04 行终 108 号行政判决书。类似案件还可参见(2016)京 03 行初 40 号行政判决书等。申请核查司法考试分数或要求公开司法考试答卷的案件在实践中数量较多。另外，还可参见(2016)苏 0102 行初 7 号行政判决书（申请复查一级建造师资格考试成绩）。

② 参见(2013)海行初字第 325 号行政判决书。类似案件可参见(2016)京行终 1217 号行政判决书（申请公开其参加一级建造师执业资格考试的批改信息）。

体健康检查材料。同年 5 月 13 日,区教育局作出答复,称申请人要求公开的政府信息,是广东省人民政府外事办公室和广东省外国专家局的职权范围,该局不予受理方某的申请。方某遂诉至法院。[①]

第三节　职业资格效力争议

一、职业资格证的效力范围与内容争议

【案例 1】　(B 类法律职业资格的效力范围)原告黄某于 2010 年在河南省信阳市参加国家司法考试,成绩 361 分。因原告报考申报的法律专业本科学历未通过学历认证,不能取得 A 类法律职业资格证书。原告补充提交法律专业专科毕业证书和属于国家司法考试放宽报名学历条件地区的河南省信阳市淮滨县的户口簿,取得了 B 类法律职业资格证书。2013 年 8 月下旬,原告申请在河南法正律师事务所执业申请材料,该律师事务所位于河南省信阳市浉河区,不在放宽报名学历条件地区范围,故河南省司法厅认为原告的申请不符合律师执业地域限制的规定。[②]

【案例 2】　(政法系统法律职业资格)邓某 2013 年参加司法部组织的政法系统统一考试,取得法律职业资格证书。2014 年退休,于 2015 年完善了律师执业申报材料,申请律师执业。南充市司法局经过审查,认为其职业资格证书不符合规定。法院审查后

---

①　参见(2014)穗中法行终字第 1703 号行政判决书。

②　参见(2015)郑行终字第 163 号行政判决书。此外,(2016)京行终 2598 号行政裁定书则涉及法律职业资格 C 证的适用范围问题。

认为,原告邓某提供的 2013 年司法部为其颁发的法律职业资格证书,是司法部在法院、检察院两类系统内部组织的职业资格考试,目的是解决法院、检察院系统内案多人少的矛盾,但限于客观条件没有时间系统学习参加全国组织的司法考试。原告 2013 年取得的"法律职业资格证书"仅限于在法院工作期间具有审理案件的资格凭证,其效力不同于国家统一组织的司法考试所取得的法律职业资格。①

【案例 3】 (教师资格证内容)2013 年 12 月 31 日,龙海市教育局发出《关于龙海市 2013 年小学英语、信息技术学科新任教师招聘资格审查的通知》,通知包括陈某在内的 32 名考生于 2014 年 1 月 3 日到龙海市人事科进行资格复核。经复核,龙海市教育局通知陈某,认为陈某提供的教师资格证书中教学学科为"外语"。而陈某在网上报名登记表"教师资格任教学科"一栏中填写为"小学英语",任教学科与本次招考方案要求不一致。陈某对该通知不服,遂向法院起诉。②

【案例 4】 (注册资产评估师与注册房地产估价师的区别)金某因房屋被征收,与内蒙古通辽市科尔沁区人民政府产生纠纷。金某认为,涉案评估机构并非专门的从事房地产估价活动的中介服务机构,其估价的资质是经内蒙古自治区财政厅审批许可的,而非内蒙古自治区住房和城乡建设厅批准,显然不符合法定的房地产评估资质。另外,做出评估报告的估价师也不符合法定条件。依据《国有土地上房屋征收评估办法》规定,从事房地产估价的人员必须是

---

① 参见(2015)顺庆行初字第 100 号行政判决书。
② 参见(2014)漳行终字第 38 号行政判决书。

注册房地产估价师。本案中,被上诉人提交的人员资质为注册资产评估师而非注册房地产估价师,不符合上述规定的资质要求。①

二、职业资格与执业注册之间的效力关系

【案例】 (药师资格的注册)2013 年 9 月 27 日,珠海市人社局决定 2013 年拟新增定点零售药店数量为 4 家,并对参与申请的零售药店按评估得分高低拟定点名单。其中评分项目第 3 项的评分标准为"负责人执业药师资格(10 分):企业法定代表人或者企业负责人及企业质量负责人具备执业药师资格的得 10 分,否则不得分"。胡某所在的珠海市香洲康赋堂药房的该项目得分为 0 分,市人社局在评估表备注栏注明:"企业负责人胡某无执业药师资格,质量负责人李丽红有执业药师资格,注册在本单位。"最终,胡某的药店未能进入定点药店名单。胡某认为持有"执业药师资格证书"的人员必须注册,才符合定点零售药店资格的准入条件。法院审查后认为,国家药品监督管理部门对执业药师的管理,与医保定点零售药店的管理属于不同的行政管理范畴,后者的执业药师无须注册。②

三、职业资格对其他行政、民事关系的效力

【案例 1】 (导游职业资格对工伤认定的影响)2012 年 8 月 6 日 6 时 25 分,张某在为河南中海国际旅行社有限公司带团期间,乘坐客车返程途经连霍高速公路 554 公里时发生交通事故,

---

① 参见(2016)内 05 行终 1 号行政判决书。
② 参见(2014)珠中法行终字第 111 号行政判决书。

造成身体损伤。张某于 2013 年 7 月 16 日向郑州市人力资源和社会保障局提交工伤认定申请,并应被告补正要求,向郑州市金水区劳动人事争议仲裁委员会提交与原告的劳动关系仲裁,仲裁委员会确认原告与第三人张某存在劳动关系。但是,张某在为旅行社工作期间未取得国家导游资格。法院判决认为,张某是否具有导游资格对工伤的认定不产生影响。①

【案例 2】 (特殊工种与退休认定的关系)2013 年 10 月 28 日,卢某申请办理特殊工种提前退休手续,反映其 1979 年 10 月至 2004 年 1 月在广州市机电安装公司工作期间,从事焊工工种,属高温工种。广州市人力资源和社会保障局于 2014 年 1 月 20 日发出穗人社特工决字(2014)0004 号《特殊工种提前退休审批决定书》,认定卢某从事的工种钳工、钳、电工未分别列入广州市机电安装有限公司(广州市机电安装公司)所属建筑系统(行业)可提前退休的特殊工种范围,故未批准其申请。法院经审查后亦支持被告观点。②

【案例 3】 (高级会计师的社保待遇)原告倪某于 1988 年取得会计师(中级职称)。1993 年取得高级会计师(高级职称),同时取得中国注册会计师和中国注册证券、期货特殊许可证资格证书。原告认为其从 1988 年至 1993 年应套改为正科级,而被告市财政局先后只给原告定为科员和副科长,冻结了中级职

---

① 参见郑州市中级人民法院(2016)豫 01 行终 73 号行政判决书。职业资格对工伤认定的影响还可参见(2015)港行初字第 00143 号行政判决书(焊工证)、(2013)长中行终字第 00270 号行政判决书(焊工证)、(2012)韶雄法行初字第 3 号行政判决书(焊工证)、(2012)都江行初字第 10 号行政判决书。

② 参见(2015)穗中法行终字第 176 号行政判决书。类似案例还可参见(2015)浙杭行终字第 344 号行政判决书、(2014)建行初字第 5 号行政判决书。

称。原告于 1993 年取得高级会计师,应套改为副处级,而被告将高级职称变更为中级职称"工改"。原告要求被告恢复其副处级待遇,并赔偿经济损失。①

【案例 4】 (建造师兼职或兼任多个项目经理)江西省峡江县就业和社会保障中心建设项目于 2015 年 11 月 13 日在峡江县公共资源交易网发出施工招标公告。庐陵鸿业公司以本公司聘用的注册建造师陈某为本次招标工程的项目经理参与投标活动,并承诺响应招标文件一切要求。2015 年 12 月 8 日,评标委员会确定第一中标排序人为庐陵鸿业公司。后经核实,该公司拟派的注册建造师陈某系吉安县市政管理所在编在职的公职人员。依据建设部《注册建造师管理规定》,注册建造师不得同时在两个或两个以上单位受聘或执业。该公司于是被取消了第一中标排序人资格,遂向法院提起诉讼。②

【案例 5】 (注册造价工程师的鉴定异议)北京两建筑公司就工程建设项目产生纠纷。在诉讼过程中,北京二中院委托北

---

① 参见(2017)鄂 0204 行初 2 号行政裁定书。类似案例还可参见(2015)沈中行终字第 608 号行政裁定书、(2013)通中行终字第 0062 号(教师资格及其退休待遇问题)、(2016)吉 01 行终 231 号(体育教练员资格与教师资格的关系)、(2014)遵市法行再终字第 4 号行政判决书(退休后申请教师资格认定问题)。

② 参见(2016)赣 08 行终 42 号行政判决书。类似的因建造师违规兼职或兼任多个项目经理导致被取消中标资格或中标无效的案例数量众多。相关案例可参见(2016)赣 08 行初 10 号、(2015)狮行初字第 00002 号、(2015)宁行终字第 5 号、(2016)皖 10 行终 12 号、(2016)赣 08 行初 26 号、(2015)泉行终字第 67 号、(2015)鄂恩施中行初字第 00005 号、(2014)温乐行初字第 48 号、(2013)驿行初字第 7 号、(2015)枞行初字第 00001 号、(2016)豫 71 行终 16 号、(2016)皖行终 208 号、(2015)潜行初字第 00041 号、(2015)晋行初字第 14 号、(2014)穗中法行初字第 142 号(企业缺少足额建造师被撤回资质许可)行政判决书以及(2016)川 1822 行初 1 号行政裁定书。

京精恒信工程咨询有限公司对涉诉工程的工程造价进行鉴定。精恒信公司分别于 2012 年 9 月 12 日、10 月 29 日出具了《造价鉴定报告》和《造价鉴定复议报告》。此后,李某向市建委投诉精恒信公司及其注册造价工程师在工程造价鉴定中存在违法违规行为。市建委答复后,李某对此答复意见不服,遂向法院起诉。①

① 参见(2017)京 01 行终 322 号行政裁定书。涉及工程造价工程师的争议还可参见(2016)甘行终 226 号、(2016)苏 09 行终第 108 号、(2015)龙行初字第 38 号行政判决书。此类案件多数涉及其出具的证明的效力争议。

第三章　职业资格许可的范围

第一节　职业资格清理遗留的问题

在"大众创业、万众创新"的口号指引下,我国长期以来滥设的职业资格终于得到了清理。但是,这场自上而下推动的变革并不能解除人们心中的疑惑:设立职业资格到底有无明确的标准?已被清理的职业资格项目是否会"死灰复燃"或变相存在?今后若发生一起因缺少某种职业资格而导致的重大事故,我们是否会回到重设各种职业资格的恶性循环之中?

实际上,关于职业资格的设定范围到底该有多广,始终是处于争论中的一个命题。就功能而言,它是一把"双刃剑"。因此,解决职业资格制度管制失灵问题的当务之急在于,我们需要找到一个既具有理论上的正当性又具有实践可行性的设定标准,以便有效地厘定职业资格许可的设定范围。

按照国务院 2007 年发布的清理通知,设立职业资格的标准是:"对涉及公共安全、人身健康、人民生命财产安全等特定职业,设置行政许可类职业资格;对社会通用性强、专业性强、技能要求高的职业(工种),建立能力水平评价制度。"这一标准看似明确,实际上却含义极为宽泛。倘若我们重新检视清理结果,就会发现对于上述标准的解释存在着广阔的空间,有时甚至存在着矛盾、偏袒或遗漏。

一、标准内容不全面

除了涉及"公共安全、人身健康、人民生命财产安全"的事项外,是否还应有其他事项亦应设定职业资格许可?从公布保留的职业资格准入门类来看,确实应该还有其他事项。

例如,保留事项中的教师资格、演出经纪人员资格、播音员与主持人资格、新闻记者职业资格等,就很难说与"公共安全、人身健康、人民生命财产安全"有何种紧密、直接的联系。实际上,这几类人员都属于提供公共服务的人员,对这几类对象设定职业资格,是为了保障公共服务的质量。

二、对标准的执行尺度不统一

同样一项标准在被执行过程中,可能有着截然相反的结果。例如,在 2012 年首批公布保留的项目中有"棉花质量检验师"一项。但是,在《招用技术工种从业人员规定》被废止后,其中的"纺织纤维检验工"资格亦被废止。从属性上看,"棉花"属于"纺织纤维"中的天然纤维一类,然而却对这两种技术工种采取了区别对待,其依据何在?不过,在 2016 年公示的保留目录中,"棉花质量检验师"一项也已被取消。

同样的例子也出现在"注册咨询工程师(投资)"一项中。2012 年公布保留的目录中,注册咨询工程师(投资)属于准入类的职业资格。而到了 2016 年公示的保留目录中,工程咨询(投资)专业技术人员已被列入"水平评价类"资格之中。上述现象表明,对于职业资格许可设定标准的理解,存在着一种摇摆和不确定的状态。我们甚至不得不怀疑,这样的清理结果到底是来自法定标准的明确要求,还是来自不同部门之间的力量博弈?

三、符合标准却被取消的事项

某些事项实际上符合"涉及公共安全、人身健康、人民生命财产安全"的标准,但是在实际执行中,却被排除在职业资格许可之外。例如,在已被废止的《招用技术工种从业人员规定》中,原本对"锅炉设备装配工""食品检验工"均规定了职业资格制度,现在也一并被废止。然而这两类职业中,前者对于保障公共安全、后者对于保障公众健康,均有较为明显的价值。我们将《招用技术工种从业人员规定》予以整体废除,固然显示了壮士断腕、释放市场活力之决心,却也未免给人以因噎废食之感。

同样令人费解的是,在 2012 年公布保留的职业资格目录中,火药、炸药制造人员以及枪炮、弹药、引信、火工品的制造人员,均属于水平评价类人员而非职业准入类人员。倘如此,公共安全能够得到保障吗?

四、职业资格类别设置不科学

在 2016 年公布保留的职业资格门类中,第 15 项为勘察设计注册工程师。名为 1 项,但其实又被分为注册结构工程师、注册土木工程师等 10 个子项。并且,其中的注册土木工程师又被分为岩土、水利水电工程、港口与航道工程等。换言之,"勘察设计人员"这一职业资格实际上包含了 12 项具体门类。此种分类,不免给人以主管部门为了减少职业资格数量而有意将多个职业资格归并于一项之嫌。即使以普通人的常识视之,该类中的"注册公用设备工程师、注册化工工程师"等与"勘察设计"具有紧密的相关性吗? 即便上述各项之间确有区别,那么职业资格考试是应当考察某项职业的共用、通用性知识,还是应当考察各个细分项目中的知识,亦是一个值得商榷的问题。

第二节　职业资格许可的设定标准

在"职业管制"与"职业自由"之间,我们常常面临着艰难选择。解决这一问题的唯一路径就是价值权衡。但是,权衡并不是随心所欲或是"跟着感觉走"。权衡应当考虑相关的要素并排除不相关因素之影响。在权衡是否设定职业资格许可时,以下要件应当予以考虑。

一、设定目的:保障人身权益或公共利益

这是设立职业资格许可的基本前提。这一前提人所共知并被视为理所当然。但在理解这一前提时,仍然有几个问题需要澄清。

(一)个人自身的财产安全,通常不应由国家职业资格来保障

财产持有人或交易当事人作为财产的受益人,应当对自身的财产安全负责。例如,某人想购买某件文物,却不知文物真假,此时当事人应通过自身努力来获得关于该财产的足够信息,而不应期待国家。因而,文物鉴定师这一职业就不需要实施职业资格许可,或仅可作为职业水平评价项目。与此相类似,诸如拍卖师等涉及财产交易安全的职业,其实亦可免于实施职业资

格许可。[①]

(二)对于保障公共服务质量的需求应予以严格审查

公共服务的质量往往受到多种因素的影响。只有当职业资格的管制与公共服务的质量具有明显必要的关联时,这种管制方属必要。2016 年公示保留中的专利代理人、导游资格等,这些职业管制与公共服务质量并无明显关联。例如,关于导游服务的质量,更多的是受到利益分配机制的影响,而非导游自身的技能或品德使然。因而,这种职业资格设立的必要性就值得商榷。

二、风险强度:可预见的重大风险

职业资格许可本质上属于一种预防性的风险管制手段。当个体的人身权益或者群体公共安全可能遭受低素质劳动者的职业行为所带来的风险时,职业资格管制的必要性就得以凸显。但是,这种风险必须达到足够的强度,具体表现在以下几方面。

(一)现实性

职业行为所带来的风险必须是现实的、迫切的并且是可预见的,而不是那种或然性的。例如,监理工程师的专业技能直接与建筑项目的建造质量有关,从而影响公共安全,故需实施职业资格管制。

---

① 依我国现行《拍卖法》规定,拍卖师需取得职业准入资格。但在法国等国家,拍卖师、鉴定师均无须获得政府的职业许可,但应对其行为承担法律责任。参见梁建生:《法国:通过法令规范拍卖师职业行为》,载《中国文化报》2012 年 4 月 11 日第 3 版。

(二)严重性

如果劳动者的职业行为可能造成人员伤亡,或者对不特定人员的财产造成巨大损害,那么这种风险就需要通过职业资格来管制。相反,如果仅是小额的财产损害,这种管制就因其成本过高而显得没有必要。例如,易燃易爆物品的制造人员若不具有基本的安全知识,极有可能引发爆炸,从而危及公共安全,故此领域的相关从业者应当获得职业资格。不过令人费解的是,在 2012 年人社部公布的职业资格保留项目中,火药制造人员、炸药制造人员、枪炮制造人员、弹制造人员、引信加工制造人员、火工品制造人员 6 类人员,均属于职业水平评价类人员。而在 2017 年 10 月 24 日人社部公布的职业资格目录中,上述人员既不在准入类职业资格中,也不在水平评价类职业资格目录中。这是否就意味着,这些从业人员不需要满足任何职业资格条件即可从事相关操作? 倘如此,公共安全能够得到保障吗?

(三)经常性

如果职业行为所产生的风险只是偶发的,那么资格管制就没有意义。因为职业资格许可并非一剂可以预防所有风险的"万能药膏"。即使劳动者事先达到了某种资格标准,其也有可能因为其他原因而触发风险。例如,2012 年公布保留的"焊工"一项,虽然也与财产安全有关,但这种风险却不是普遍性的,故而没有必要为其设立职业资格许可。

三、市场失灵:信息阙如或刻意规避

如果市场主体具有足够的信息来判断劳动者是否具备相应

能力,那么低素质的劳动者就会被排除在该项职业之外,故而该劳动者就不可能对他人构成威胁。因而,"职业资格证书所蕴含的正是以政府信用担保的、表明持证人某种职业能力的信息"[1]。只有当市场主体无法获取充分的信息时(例如相关信息为私人或政府部门所拥有),这种"政府担保"才是必要的。

在一些特殊情形下,市场主体即使明知某个劳动者并不具有从事某种职业的能力,其也可能刻意不规避这种风险而冒险雇用该劳动者。例如,当恶性竞争出现之时,市场主体为降低成本或占领市场,可能会选择不能胜任此工作的人员,即使其明知这种选择可能给他人或公共利益带来风险。此时,职业资格管制就有必要存在。"房地产估价师"的资格准入正是为了防止估价人员为占领市场而进行恶意评估。

四、无替代性管制措施:比例原则的适用

在行政法学界,比例原则通常是在行政执法层面上被讨论,用以作为限制自由裁量权的技术手段。不过,从德国的司法发展来看,比例原则早已被上升为一项宪法性原则。1969 年德国法院宣布比例原则是一项"所有国家行为的卓越标准",约束所有的公共权力。[2] 因此,这一原则也约束立法行为。在德国 1958 年的"药房案"(Apothekenurteil)中,联邦宪法法院就宣称,巴伐利亚邦 1952 年的《药剂师法案》第 3 条第(1)项的规定与基本法第 12 条相抵触,侵犯了劳动者的职业选择自由。该法

---

[1]　高景芳:《论职业自由限制的正当性基础》,载《法学论坛》2011 年第 3 期。

[2]　徐继强:《宪法权利衡量研究》,苏州大学 2009 年博士学位论文。

案要求,新设药房只有在商业上可行,且对附近的竞争不造成经济损害时,政府才可颁发新的执照。① 该案件的判决表明,立法行为同样应当遵守比例原则。

设立职业资格许可的立法同样应符合比例原则的要求。根据这一原则,职业资格许可在设立过程中应当考虑三个因素。

(一)职业资格许可的设立是否能够达到管制目的

职业资格许可并非解决既有的市场失灵问题的灵丹妙药。例如,导游人员的职业资格管制(准入类),目前我国旅游市场上经常发生导游人员侵犯消费者权益的事件,这些事件多数与导游人员的知识水平甚至与其职业道德无关,而是与旅游市场的利益分配机制有关。因此,导游资格与其作为一种职业准入制度,还不如作为一种职业水平评价制度更为合适。

(二)是否有其他替代性管制手段

在能够采用其他较为温和的管制手段时,行政机关应尽量采纳。例如,相比于严格的职业准入控制,职业水平评价就要温和得多。它通过社会组织对劳动者的职业能力进行评价,就可以给市场主体提供足够的信息以供其做出判断。此外,备案与登记也是一种较为宽松的管制措施。特定行业的劳动者只要向行政机关提供一些个人信息,就可以选择相应职业。一旦其存在违法或违规行为,行政机关则可以迅速地采取处罚等措施。而实践中常见的"黑名单"制度则比前两种手段要严厉些。一旦被列入"黑名单",个人可能就要承担在一定时期不得进入某个

---

① 该案判决内容可参见张千帆:《西方宪政体系(下)》,中国政法大学出版社2001年版,第351—355页。

职业的后果。

(三)职业管制的成本与收益之间的权衡

职业资格许可需要国家和社会投入高昂的管制成本。例如,国家要给政府管制人员设置办公场所、支付工资、组织考试以及解决管制纠纷等,而劳动者需要投入时间、金钱和精力来获取职业资格。因此,我们不得不考虑这种管制与其产生的收益之间是否具有所谓的"法益相称性"。只有管制的收益明显高于成本时,它才是必要的。例如,我国当下保留项目中的"注册计量师",主要是从事计量检定、校准、检验、测试等工作,此类职业资格管制对公共利益保障到底能够产生多大的成效,不无疑问。此外如"地震安全性评价工程师",看似与公共安全有关,但根据《地震安全性评价工程师制度暂行规定》(国人部发〔2005〕72号)等文件规定,其报考条件为"取得地质学、地球物理学或土木工程专业"的学历,并从事相关工作满一定的年限。那么,在专业的学历资格之外再单独设置这样一种资格考试是否有必要?这种职业资格的管制是否能够明显提高劳动者的职业技能亦不无疑问。

第三节　防止"水平评价类"异化为"准入类"职业资格

当下职业资格类型中,水平评价类的职业资格在数量上要远远多于准入类职业资格。在 2016 年公示保留的 151 项职业资格中,准入(许可)类为 42 项,占总数的 28%;水平评价类的则为 109 项,占总数的 72%。如果这两者之间的界限没有清晰地厘定,那么职业资格许可仍将陷于以往的"杂"与"乱"的境地中。

一、两者的界限

按照国务院 2007 年的清理通知,设立职业资格许可的对象是:涉及公共安全、人身健康、人民生命财产安全等特定职业。设立职业水平评价的对象是:社会通用性强、专业性强、技能要求高的职业(工种)。但仔细考察就会发现,这两个标准其实是存在相互交叉与重叠的区域的。换言之,涉及公共安全、人身健康、人民生命财产安全的事项可能同时属于通用性强、专业性强或技能要求高的职业;反之亦然。这样,两者之间的界限就难以真正被厘清。

例如,2016 年公示保留的事项中,"房地产估价师"属于准入类,而"资产评估师"则属于水平评价类;"注册环保工程师"属于准入类,而"环境影响评价工程师"则属于水平评价类。这样的例子还有不少。然而,若就技能要求而言,"注册环保工程师"与"环境影响评价工程师"的技能是否存在着根本性的差异?倘若"注册环保工程师"的行为能够影响人身健康等公共利益,那么"环境影响评价工程师"的行为是否就与公共利益无关?

为了解决上述两标准的重叠与交叉问题,有必要坚持如下三项原则:(1)凡符合职业准入要求的,应当优先设立职业资格许可;(2)凡已设立了职业资格许可的,不得再设置同类的水平评价项目;(3)凡对职业技能要求基本相同的事项,不得因劳动者归属于不同部门而重复设置职业资格。①

　　另外,我国当下实行的所谓"专业技术人员职业资格"和"技能人员职业资格"的分类是没有意义的。它脱胎于计划经济时代的"人事管理"(适用于国家机关和事业单位等组织)和"劳动管理"(适用于企业等组织),是依据身份来决定不同资格的适用。就职业技能的要求而言,他们之间并无本质差异。尤其是"专业技术人员的职业资格",其主要作用在于为职称评定(水平评价)提供一个基础。实际上,专业技术人员的职业水平是很难通过一次性的资格考试来衡量的,应结合其工作经历、资历、研究成果等综合评定。故此种类别将来应予以取消。

二、防止异化的机制

　　无论是水平评价类还是准入类职业资格,在形式上都被称为"职业资格"。这就极易让人产生一种误解,即既然称为"资格",那么按通常之理解,没有"资格"也就意味着不能从事某种活动。因而倘若不能从制度上建立一种"隔离墙"机制,水平评价类职业资格就极易被异化为一种实质性的行政许可。鉴于此,清理职业资格的一个重要任务是:建立一个可以防止名义上的水平评价异化为实质上的资格许可的制度,亦即"隔离墙机

---

　　① 需附带说明的是,即使是职业水平评价制度,也并非所有的职业都需要建立此制。根据 2015 年版的《职业分类大典》,我国职业门类被划分为 1481 种。若对所有这些职业都进行水平评价,不仅没有意义,而且也浪费大量的管理成本。对于那些技术要求低或无须统一标准的职业,根本就不必设立任何形式的职业资格。例如,2012年公布保留的服装制作工(第 102 项)、制鞋工(第 103 项)、酱腌菜制作工(第 109 项)、猪屠宰加工工(第 111 项)、木工(第 119 项)、电影放映员(第 131 项)、收银员(第 185项)、客房服务员(第 194 项)等,既不需要职业准入,亦无须水平评价。

制"。没有这样的隔离墙机制,清理就没有意义。

由于我国水平评价类与准入类职业资格的颁发多数均由政府部门或经其授权的地方技能鉴定机构实施,因而某项职业资格到底属于哪一类型,从形式上往往是很难区分的。从实际功能来看,许多职业资格名义上属于水平评价类,实际上却被赋予了"职业准入"的效力。例如,内部审计人员岗位资格,按照《国务院关于取消和调整一批行政审批项目等事项的决定》(国发〔2014〕50号),该项属于水平评价类。但是,《内部审计人员岗位资格证书实施办法》(中内协发〔2003〕22号)第2条则明确规定,该项岗位资格证书是从事内部审计工作的专兼职人员应具备的任职资格证明。"应具备"一词意味着无此岗位资格的人是不能担任内部审计人员的。《审计署关于内部审计工作的规定》(审计署令第4号)第5条亦确认了内部审计人员实行岗位资格和后续教育制度。因而,内部审计人员岗位资格的实施主体虽然为行业协会,但行业协会仍具有"行政主体"资格,故该岗位资格本质上仍属于行政许可。

即使在清理完成后出台的新规定中,水平评价类职业资格到底应当如何定位,仍处于"犹抱琵琶半遮面"状态。在国务院"国发〔2014〕27号"文件明确取消了"注册税务师"职业资格后,2015年11月2日人社部和国家税务总局颁布了新的《税务师职业资格制度暂行规定》(人社部发〔2015〕90号)。该规定明确了"税务师"职业资格为水平评价类资格(第3条),但同时规定:取得该职业资格证书,"表明其已具备从事涉税专业服务的职业能力和水平"(第5条),并规定"税务师职业资格证书实行登记服务制度"(第16条),对有违反规定行为的,可取消登记(第18

条）。这是否意味着,某人若未取得该职业资格就意味着他不具有从事该职业的能力和水平? 此外,登记制度是否构成一种由行业协会作为实施主体的行政许可? 从制度内容看,这种所谓的"水平评价"并不能排除构成行政许可的怀疑。

为了防止评价类职业资格异化为实质上的行政许可,国家应当明确规定:任何政府部门或社会组织不得将水平评价类职业资格作为公民获得职业准入的前提条件。对于评价类职业资格,政府仅保留指导、规范与监管职责,不得参加考试的组织与证书颁发工作,并且该类职业资格证书亦应避免出现以国家名义颁发的"中华人民共和国×××职业资格证书"等字样。[1] 建议可参照日本规定,分别设立国家职业资格(由政府部门设立)和通用职业资格(由全国性行业协会、学会等设立)。[2]

三、两者之间的相互转化

尽管我们都想尽力清晰地界定许可类与评价类职业资格各自的范围,但我们不得不承认,这两者之间并没有绝对的、恒定的界限。职业资格许可是否需要设立,不仅取决于这项职业自身所隐藏着的侵害公共利益的风险,而且也受制于该职业在某

---

[1] 英国所谓的"国家职业资格"(National Vocational Qualifications,简称 NVQ),它也不具有政府管制的功能,其证书均由非政府组织颁发。例如,英国城市行业协会(City & Guilds)在 1992 年 9 月前共颁发了 10 万份国家职业资格。参见孔卫:《英国职业资格证书制度探析》,载《高等职业教育(天津职业大学学报)》2015年第 1 期。另可参见 Christine Ward, System and Procedures of Certification of Qualifications in the United Kindom, 1st edition, Berlin: Jean-Monnet-House, 1993年,第 31 页。

[2] 吕忠民:《职业资格制度概论》,中国人事出版社 2011 年版,第 112 页

一特定时期的产业化与规范化程度。例如,对于"维修电工",我国目前将其作为评价类职业资格。但电工本身属于危险行业,则毋庸置疑。有研究资料表明,电工位列美国十大危险行业中的第七位。① 随着我国城镇化水平的不断提高,电工的数量亦不断增长。因此,若有统计数据表明这一领域的工伤事故率在提高,就有必要考虑对其实施职业准入制度。相反,对于其他目前已实施职业准入的项目,若其实施必要性不明显或正在显著降低,则可以考虑将其转化为评价类职业资格。例如,注册计量师、家畜繁殖员等,其职业准入的必要性均值得进一步推敲和论证。

不过,问题的难点在于如何才能实现这种转化。尤其是已经被列为许可类项目的职业资格,要想将其从清单中删去,其难度非同小可。许可项目一旦形成,无论是管制者或受管制者,往往都形成一个利益群体。而此时反对实施管制的人,往往由于力量过于分散,很难对立法产生有意义的影响。不过,在这方面,我国《行政许可法》第 12 条实际上已做了原则性的规定:"行政许可的设定机关应当定期对其设定的行政许可进行评价。"对已设定的行政许可,若通过非许可方式能解决的,应予以修改或者废止。但从实际状况来看,无论是立法机关还是行政机关,往往都缺少这样的动力去废止一项已实施的行政许可项目。为此,应当强化在立法和修法过程中的程序控制。正如有学者指出的,应当"通过在职业许可设定中引入专家参与以增强职业许

---

① Jacquelyn Smith:《美国十大最"要命"工种》,参见福布斯中文网 2013 年 8 月 26 日报道,http://www.forbeschina.com/review/201308/0027905.shtml。

可的科学性；通过引入公众参与以对抗职业团体的'规制俘获'，并增强职业许可设定的公共性和实施许可的可接受性；通过引入成本—收益分析方法对职业许可进行事前和事后的评估"①。尤其是在公众参与方面，互联网的发展已经可以为我们提供非常方便的民意收集机制。例如，目前使用较多的问卷调查网站如问卷网、蚂蚁哥哥网、问卷星、调查派、调客网等，均可以在一定程度上为我们的决策提供参考。这些程序不仅适用于职业资格许可的设立过程，同样也适用于其废止和转化的过程。

---

① 高景芳、刘竞涛：《论职业许可制度的成因——一个公共选择理论的视角》，载《河北学刊》2014 年第 4 期。

第四章 职业资格许可的条件

第一节 职业资格许可条件的立法考察

一、现行立法之梳理

在职业资格的所有设定内容中,对于相关从业人员影响最大的莫过于职业资格许可的条件,因为它直接决定了从业人员是否能够获取该项职业资格以及获取的难度。正因为如此,我国《行政许可法》明确规定,法律、法规和规章在设定行政许可时,应当明确规定行政许可的条件。为此,下列表 4-1 以人力资源和社会保障部于 2017 年 10 月 24 日公布的决定保留的 41 项准入类职业资格为分析对象,对上述问题展开具体的考察。

表 4-1　人力资源和社会保障部公布的 41 项准入类职业资格许可条件表

专业技术人员(36 项)		
序号	职业资格名称	许可条件
1	教师资格	《教师资格条例》： 　　第 8 条　不具备教师法规定的教师资格学历的公民,申请获得教师资格,应当通过国家举办的或者认可的教师资格考试。 　　第 9 条　教师资格考试科目、标准和考试大纲由国务院教育行政部门审定。 　　教师资格考试试卷的编制、考务工作和考试成绩证明的发放,属于幼儿园、小学、初级中学、高级中学、中等职业学校教师资格考试和中等职业学校实习指导教师资格考试的,由县级以上人民政府教育行政部门组织实施;属于高等学校教师资格考试的,由国务院教育行政部门或者省、自治区、直辖市人民政府教育行政部门委托的高等学校组织实施。 　　第 15 条　申请认定教师资格,应当提交教师资格认定申请表和下列证明或者材料： 　　(一)身份证明; 　　(二)学历证书或者教师资格考试合格证明; 　　(三)教育行政部门或者受委托的高等学校指定的医院出具的体格检查证明; 　　(四)户籍所在地的街道办事处、乡人民政府或者工作单位、所毕业的学校对其思想品德、有无犯罪记录等方面情况的鉴定及证明材料。 　　申请人提交的证明或者材料不全的,教育行政部门或者受委托的高等学校应当及时通知申请人于受理期限终止前补齐。 　　教师资格认定申请表由国务院教育行政部门统一格式。 　　第 19 条　有下列情形之一的,由县级以上人民政府教育行政部门撤销其教师资格： 　　(一)弄虚作假、骗取教师资格的; 　　(二)品行不良、侮辱学生,影响恶劣的。 　　被撤销教师资格的,自撤销之日起 5 年内不得重新申请认定教师资格,其教师资格证书由县级以上人民政府教育行政部门收缴。

序号	职业资格名称	许可条件
1	教师资格	第 20 条　参加教师资格考试有作弊行为的,其考试成绩作废,3 年内不得再次参加教师资格考试。
		《〈教师资格条例〉实施办法》: 第 7 条　中国公民依照本办法申请认定教师资格应当具备《教师法》规定的相应学历。 申请认定中等职业学校实习指导教师资格者应当具备中等职业学校毕业及其以上学历,对于确有特殊技艺者,经省级以上人民政府教育行政部门批准,其学历要求可适当放宽。 第 8 条　申请认定教师资格者的教育教学能力应当符合下列要求: (一)具备承担教育教学工作所必需的基本素质和能力。具体测试办法和标准由省级教育行政部门制定。 (二)普通话水平应当达到国家语言文字工作委员会颁布的《普通话水平测试等级标准》二级乙等以上标准。 少数方言复杂地区的普通话水平应当达到三级甲等以上标准;使用汉语和当地民族语言教学的少数民族自治地区的普通话水平,由省级人民政府教育行政部门规定标准。 (三)具有良好的身体素质和心理素质,无传染性疾病,无精神病史,适应教育教学工作的需要,在教师资格认定机构指定的县级以上医院体检合格。 第 9 条　高等学校拟聘任副教授以上教师职务或具有博士学位者申请认定高等学校教师资格,只需具备本办法第 6 条、第 7 条、第 8 条三项规定的条件。

序号	职业资格名称	许可条件
2	注册消防工程师	《注册消防工程师制度暂行规定》： 　　第 11 条　凡中华人民共和国公民，遵守国家法律、法规，恪守职业道德，并符合注册消防工程师资格考试报名条件之一的，均可申请参加相应级别注册消防工程师资格考试。 　　第 12 条　一级注册消防工程师资格考试报名条件： 　　（一）取得消防工程专业大学专科学历，工作满 6 年，其中从事消防安全技术工作满 4 年；或者取得消防工程相关专业（见附件 1，下同）大学专科学历，工作满 7 年，其中从事消防安全技术工作满 5 年。 　　（二）取得消防工程专业大学本科学历或者学位，工作满 4 年，其中从事消防安全技术工作满 3 年；或者取得消防工程相关专业大学本科学历，工作满 5 年，其中从事消防安全技术工作满 4 年。 　　（三）取得含消防工程专业在内的双学士学位或者研究生班毕业，工作满 3 年，其中从事消防安全技术工作满 2 年；或者取得消防工程相关专业在内的双学士学位或者研究生班毕业，工作满 4 年，其中从事消防安全技术工作满 3 年。 　　（四）取得消防工程专业硕士学历或者学位，工作满 2 年，其中从事消防安全技术工作满 1 年；或者取得消防工程相关专业硕士学历或者学位，工作满 3 年，其中从事消防安全技术工作满 2 年。 　　（五）取得消防工程专业博士学历或者学位，从事消防安全技术工作满 1 年；或者取得消防工程相关专业博士学历或者学位，从事消防安全技术工作满 2 年。 　　（六）取得其他专业相应学历或者学位的人员，其工作年限和从事消防安全技术工作年限均相应增加 1 年。 　　第 13 条　二级注册消防工程师资格考试报名条件： 　　（一）取得消防工程专业中专学历，从事消防安全技术工作满 3 年；或者取得消防工程相关专业中专学历，从事消防安全技术工作满 4 年。

序号	职业资格名称	许可条件
2	注册消防工程师	（二）取得消防工程专业大学专科学历，从事消防安全技术工作满 2 年；或者取得消防工程相关专业大学专科学历，从事消防安全技术工作满 3 年。 （三）取得消防工程专业大学本科学历或者学位，从事消防安全技术工作满 1 年；或者取得消防工程相关专业大学本科学历或者学位，从事消防安全技术工作满 2 年。 （四）取得其他专业相应学历或者学位的人员，其从事消防安全技术工作年限相应增加 1 年。 　第 17 条　国家对注册消防工程师资格实行注册执业管理制度。取得一级、二级注册消防工程师资格证书的人员，经注册方可以相应级别注册消防工程师名义执业。 　第 19 条　取得一级、二级注册消防工程师资格证书并申请注册的人员，应当受聘于一个经批准的消防技术服务机构或者消防安全重点单位，并通过聘用单位向本单位所在地（聘用单位属企业的，通过本企业向工商注册所在地）的公安机关消防机构提交注册申请材料。
3	法律职业资格	《国家统一法律职业资格考试实施办法》： 　第 9 条　符合以下条件的人员，可以报名参加国家统一法律职业资格考试： 　（一）具有中华人民共和国国籍； 　（二）拥护中华人民共和国宪法，享有选举权和被选举权； 　（三）具有良好的政治、业务素质和道德品行； 　（四）具有完全民事行为能力； 　（五）具备全日制普通高等学校法学类本科学历并获得学士及以上学位；全日制普通高等学校非法学类本科及以上学历，并获得法律硕士、法学硕士及以上学位；全日制普通高等学校非法学类本科及以上学历并获得相应学位且从事法律工作满 3 年。 　第 10 条　有下列情形之一的人员，不得报名参加国家统一法律职业资格考试：

续　表

序号	职业资格名称	许可条件
3	法律职业资格	（一）因故意犯罪受过刑事处罚的； （二）曾被开除公职或者曾被吊销律师执业证书、公证员执业证书的； （三）被吊销法律职业资格证书的； （四）被给予2年内不得报名参加国家统一法律职业资格考试(国家司法考试)处理期限未满或者被给予终身不得报名参加国家统一法律职业资格考试(国家司法考试)处理的； （五）因严重失信行为被国家有关单位确定为失信联合惩戒对象并纳入国家信用信息共享平台的； （六）因其他情形被给予终身禁止从事法律职业处理的。 有前款规定情形之一的人员，已经办理报名手续的，报名无效；已经参加考试的，考试成绩无效。
4	中国委托公证人资格（香港、澳门）	《中国委托公证人(香港)管理办法》： 第8条　具备下列条件的香港律师，可向司法部提出成为委托公证人的申请： （一）拥护《中华人民共和国宪法》，拥护《中华人民共和国香港特别行政区基本法》； （二）在香港具有永久居留权的中国公民； （三）担任香港律师10年以上； （四）职业道德良好，未有因不名誉或违反职业道德受惩处的记录； （五）掌握内地有关法律、法规和办证规则； （六）能用中文书写公证文书，能用普通话进行业务活动。 第13条　委托公证人符合下列条件的准予注册： （一）在上一年度无违纪和判工行为； （二）职业道德良好，无违反本办法及协会章程的行为； （三）能按要求办理委托事宜。

序号	职业资格名称	许可条件
5	注册会计师	《中华人民共和国注册会计师法》： 第8条 具有高等专科以上学校毕业的学历，或者具有会计或者相关专业中级以上技术职称的中国公民，可以申请参加注册会计师全国统一考试；具有会计或者相关专业高级技术职称的人员，可以免予部分科目的考试。 第9条 参加注册会计师全国统一考试成绩合格，并从事审计业务工作2年以上的，可以向省、自治区、直辖市注册会计师协会申请注册。 除有本法第10条所列情形外，受理申请的注册会计师协会应当准予注册。 第10条 有下列情形之一的，受理申请的注册会计师协会不予注册： （一）不具有完全民事行为能力的； （二）因受刑事处罚，自刑罚执行完毕之日起至申请注册之日止不满5年的； （三）因在财务、会计、审计、企业管理或者其他经济管理工作中犯有严重错误受行政处罚、撤职以上处分，自处罚、处分决定之日起至申请注册之日止不满2年的； （四）受吊销注册会计师证书的处罚，自处罚决定之日起至申请注册之日止不满5年的； （五）国务院财政部门规定的其他不予注册的情形的。
6	民用核安全设备无损检验人员资格	《民用核安全设备无损检验人员资格管理规定（HAF602）》： 第16条 报考人员应当具备下列条件： （一）学力和实践经历要求：

序号	职业资格名称	许可条件					
6	民用核安全设备无损检验人员资格	考核的检验方法	技术等级	无损检验专业大专以上	理工科大专以上	高中、中专或者相当学力	初中
		射线检验（RT） 超声检验（UT）	I	3个月	6个月	1年	3年
		涡流检验（ET）	II	6个月	1年	2年	8年
		泄漏检验（LT）	III	4年	5年	8年	/
		渗透检验（PT）	I	1个月	3个月	6个月	3年
		磁粉检验（MT）	II	3个月	6个月	1年	8年
		目视检验（VT）	III	4年	5年	8年	/

其中，申请报考II级的人员应当具备相应检验方法的I级人员有效技术资格证书；不具备相应检验方法的I级人员有效技术资格证书的，其实践经历时间应当加倍。

报考III级人员的实践经历时间为获得相应方法II级资格证书后的时间。上述经历应当至少有一半时间是从事民用核安全设备无损检验活动的。报考III级的人员应当持有2个以上有效II级资格证书，且应当含有所申请报考方法的核II级资格证书；申请UT、RT和ET的III级人员还应当具有PT或者MT的II级资格证书，申请PT、MT、LT和VT的III级人员还应当具有UT、RT或者ET的II级资格证书。

已经取得其他机构相应方法资格证书的人员，在满足了相应级别的学力和实践经历要求的情况下，可以报考同等级别的民用核安全设备无损检验人员资格考核。

（二）报考人员应当具备一定的视力条件：

1. 裸视或者经过矫正的视力要求达到5.0以上；

2. 报考人员的辨色视力应当达到能区分与无损检验方法有关的颜色对比度。

（三）近3年未被吊销资格证书。

序号	职业资格名称	许可条件
7	民用核设施操纵人员资格	《民用核安全设备无损检验人员资格管理规定（HAF602）》： 第13条　核设施操纵员执照分"操纵员执照"和"高级操纵员执照"两种。持"操纵员执照"的人员方可担任操纵核设施控制系统的工作。持"高级操纵员执照"的人员方可担任操纵或者指导他人操纵核设施控制系统的工作。 第14条　具备下列条件的，方可批准发给"操纵员执照"：（一）身体健康，无职业禁忌证；（二）具有中专以上文化程度或同等学力，核动力厂操纵人员应具有大专以上文化程度或同等学力；（三）经过运行操作培训，并经考核合格。具备下列条件的，方可批准发给"高级操纵员执照"：（一）身体健康，无职业禁忌证；（二）具有大专以上文化程度或同等学力；（三）经运行操作培训，并经考核合格；（四）担任操纵员2年以上，成绩优秀者。
8	注册核安全工程师	《注册核安全工程师执业资格制度暂行规定》： 第9条　凡遵守中华人民共和国宪法和法律、法规，恪守职业道德，并具备下列条件之一者，可申请参加注册核安全工程师执业资格考试： （一）取得理工类专业学士学位，从事核安全工作满5年；或取得其他专业学士学位，从事核安全工作满6年； （二）取得理工类专业双学士学位或研究生班毕业，从事核安全工作满4年；或取得其他专业双学士学位或研究生班毕业，从事核安全工作满5年； （三）取得理工类专业硕士学位，从事核安全工作满2年；或取得其他专业硕士学位，从事核安全工作满3年； （四）取得理工类专业博士学位，从事核安全工作满1年； （五）人事部、国家环境保护总局规定的其他条件。 第11条　注册核安全工程师执业资格实行注册登记制度。取得"中华人民共和国注册核安全工程师执业资格证书"的人员，必须经过注册登记才能以注册核安全工程师名义执业。 第13条　申请注册者，必须同时具备下列条件： （一）取得"中华人民共和国注册核安全工程师执业资格证书"；

序号	职业资格名称	许可条件
8	注册核安全工程师	（二）身体健康,能坚持在本专业岗位工作; （三）经单位考核同意。 再次注册者,除符合以上条件外,还须提供接受继续教育和参加培训合格的证明。 第14条 注册核安全工程师有下列情形之一者注销注册: （一）不具备完全民事行为能力; （二）因在核安全等业务工作中犯有严重错误,受行政处罚; （三）受刑事处罚; （四）脱离核安全相应岗位连续满1年。
9	注册建筑师	《注册建筑师条例》: 第8条 符合下列条件之一的,可以申请参加一级注册建筑师考试: （一）取得建筑学硕士以上学位或者相近专业工学博士学位,并从事建筑设计或者相关业务2年以上的; （二）取得建筑学学士学位或者相近专业工学硕士学位,并从事建筑设计或者相关业务3年以上的; （三）具有建筑学专业大学本科毕业学历并从事建筑设计或者相关业务5年以上的,或者具有建筑学相近专业大学本科毕业学历并从事建筑设计或者相关业务7年以上的; （四）取得高级工程师技术职称并从事建筑设计或者相关业务3年以上的,或者取得工程师技术职称并从事建筑设计或者相关业务5年以上的; （五）不具有前四项规定的条件,但设计成绩突出,经全国注册建筑师管理委员会认定达到前四项规定的专业水平。 第9条 符合下列条件之一的,可以申请参加二级注册建筑师考试: （一）具有建筑学或者相近专业大学本科毕业以上学历,从事建筑设计或者相关业务2年以上的; （二）具有建筑设计技术专业或者相近专业大专毕业以上学历,并从事建筑设计或者相关业务3年以上的;

序号	职业资格名称	许可条件
9	注册建筑师	（三）具有建筑设计技术专业 4 年制中专毕业学历，并从事建筑设计或者相关业务 5 年以上的； （四）具有建筑设计技术相近专业中专毕业学历，并从事建筑设计或者相关业务 7 年以上的； （五）取得助理工程师以上技术职称，并从事建筑设计或者相关业务 3 年以上的。 第 11 条　注册建筑师考试合格，取得相应的注册建筑师资格的，可以申请注册。 第 13 条　有下列情况之一的，不予注册： （一）不具有完全民事行为能力的； （二）因受刑事处罚，自刑罚执行完毕之日起至申请注册之日止不满 5 年的； （三）因在建筑设计或者相关业务中犯有错误受行政处罚或者撤职以上行政处分处罚、处分决定之日起至申请注册之日止不满 2 年的； （四）受吊销注册建筑师证书的行政处罚，自处罚决定之日起至申请注册之日止不满 5 年的； （五）有国务院规定不予注册的其他情形的。
10	监理工程师	《注册监理工程师管理规定》： 第 3 条　本规定所称注册监理工程师，是指经考试取得中华人民共和国监理工程师资格证书（以下简称"资格证书"），并按照本规定注册，取得中华人民共和国注册监理工程师注册执业证书（以下简称"注册证书"）和执业印章，从事工程监理及相关业务活动的专业技术人员。 第 13 条　申请人有下列情形之一的，不予初始注册、延续注册或者变更注册： （一）不具有完全民事行为能力的； （二）刑事处罚尚未执行完毕或者因从事工程监理或者相关业务受到刑事处罚，自刑事处罚执行完毕之日起至申请注册之日止不满 2 年的； （三）未达到监理工程师继续教育要求的； （四）在两个或者两个以上单位申请注册的；

序号	职业资格名称	许可条件
		（五）以虚假的职称证书参加考试并取得资格证书的； （六）年龄超过 65 周岁的； （七）法律、法规规定不予注册的其他情形。
10	监理工程师	《关于全国监理工程师执业资格考试工作的通知》（建监〔1996〕462 号）： 二、考试报名条件 凡中华人民共和国公民，遵纪守法，具有工程技术或工程经济专业大专以上（含大专）学历，并符合下列条件之一者，可申请参加监理工程师执业资格考试。 （一）具有按照国家有关规定评聘的工程技术或工程经济专业中级专业技术职务，并任职满 3 年； （二）具有按照国家有关规定评聘的工程技术或工程经济专业高级专业技术职务。
11	房地产估价师	《房地产估价师执业资格制度暂行规定》： 第 8 条　凡中华人民共和国公民，遵纪守法，并具备下列条件之一的，可申请参加房地产估价师执业资格考试： （一）取得房地产估价相关学科（包括房地产经营、房地产经济、土地管理、城市规划等，下同）中等专业学历，具有 8 年以上相关专业工作经历，其中从事房地产估价实务满 5 年； （二）取得房地产估价相关学科大专学历，具有 6 年以上相关专业工作经历，其中从事房地产估价实务满 4 年； （三）取得房地产估价相关学科学士学位，具有 4 年以上相关专业工作经历，其中从事房地产估价实务满 3 年； （四）取得房地产估价相关学科硕士学位或第二学位、研究生班毕业，从事房地产估价实务满 2 年； （五）取得房地产估价相关学科博士学位的； （六）不具备上述规定学历，但通过国家统一组织的经济专业初级资格或审计、会计、统计专业助理级资格考试并取得相应资格，具有 10 年以上相关专业工作经历，其中从事房地产估价实务满 6 年，成绩特别突出的。

序号	职业资格名称	许可条件
11	房地产估价师	第12条　房地产估价师执业资格考试合格人员,必须在取得房地产估价师"执业资格证书"后3个月内办理注册登记手续。 　　第13条　申请房地产估价师注册需提供下列证明文件: 　　(一)房地产估价师执业资格注册申请; 　　(二)房地产估价师"执业资格证书"; 　　(三)业绩证明; 　　(四)所在单位考核合格证明。 　　第19条　房地产估价师执业资格注册后,有下列情形之一的,由原注册机关吊销其"房地产估价师注册证": 　　(一)完全丧失民事行为能力; 　　(二)死亡或失踪; 　　(三)受刑事处罚的。
12	造价工程师	《造价工程师执业资格制度暂行规定》: 　　第8条　凡中华人民共和国公民,遵纪守法,并具备以下条件之一者,均可申请参加造价工程师执业资格考试: 　　(一)工程造价专业大专毕业后,从事工程造价业务工作满5年;工程或工程经济类大专毕业后,从事工程造价业务工程满6年; 　　(二)工程造价专业本科毕业后,从事工程造价业务工作满4年;工程或工程经济类本科毕业后,从事工程造价业务工作满5年; 　　(三)获上述专业第二学士学位或研究生班毕业和获硕士学位后,从事工程造价业务工作满3年; 　　(四)获上述专业博士学位后,从事工程造价业务工作满2年。 　　第13条　申请注册的人员必须同时具备下列条件: 　　(一)遵纪守法,恪守造价工程师职业道德; 　　(二)取得造价工程师执业资格证书; 　　(三)身体健康,能坚持在造价工程师岗位工作; 　　(四)所在单位考核同意。

序号	职业资格名称	许可条件
12	造价工程师	第16条 造价工程师遇到下列情况之一的,应当由其所在单位向注册机构办理注销手续。 (一)死亡; (二)服刑; (三)脱离造价工程师岗位连续2年(含2年)以上; (四)因健康原因不能坚持造价工程师岗位的工作。
13	注册城乡规划师	《注册城市规划师执业资格制度暂行规定》: 第7条 凡中华人民共和国公民,遵纪守法,并具备以下条件之一者,可申请参加注册城市规划师执业资格考试: (一)取得城市规划专业大专学历,并从事城市规划业务工作满6年; (二)取得城市规划专业大学本科学历,并从事城市规划业务工作满4年;或取得城市规划相近专业大学本科学历,并从事城市规划业务工作满5年; (三)取得通过评估的城市规划专业大学本科学历,并从事城市规划业务满3年; (四)取得城市规划相近专业硕士学位,并从事城市规划业务满3年; (五)取得城市规划专业硕士学位或相近专业博士学位,从事城市规划业务工作满2年; (六)取得城市规划专业博士学位,并从事城市规划业务工作满1年; (七)人事部、建设部规定的其他条件。 第13条 申请注册的人员必须同时具备以下条件: (一)遵纪守法,恪守注册城市规划师职业道德; (二)取得注册城市规划师执业资格证书; (三)所在单位考核同意; (四)身体健康,能坚持在注册城市规划师岗位上工作。 再次注册者,应经单位考核合格并有参加继续教育、业务培训的证明。

序号	职业资格名称	许可条件
13	注册城乡规划师	第15条　注册城市规划师有下列情况之一的,其所在单位应及时向所在省级城市规划行政主管部门报告,有关的省级城市规划行政主管部门必须及时向建设部办理撤销注册手续: (一)完全丧失民事行为能力的; (二)受到刑事处罚的; (三)脱离注册城市规划师岗位连续2年以上; (四)因在城市规划工作中的失误造成损失,受到行政处罚或者撤职以上行政处分的。
14	建造师	《建造师执业资格制度暂行规定》: 第10条　凡遵守国家法律、法规,具备下列条件之一者,可以申请参加一级建造师执业资格考试: (一)取得工程类或工程经济类大学专科学历,工作满6年,其中从事建设工程项目施工管理工作满4年; (二)取得工程类或工程经济类大学本科学历,工作满4年,其中从事建设工程项目施工管理工作满3年; (三)取得工程类或工程经济类双学士学位或研究生班毕业,工作满3年,其中从事建设工程项目施工管理工作满2年; (四)取得工程类或工程经济类硕士学位,工作满2年,其中从事建设工程项目施工管理工作满1年; (五)取得工程类或工程经济类博士学位,从事建设工程项目施工管理工作满1年。 第14条　凡遵纪守法并具备工程类或工程经济类中等专科以上学历并从事建设工程项目施工管理工作满2年,可报名参加二级建造师执业资格考试。 第16条　取得建造师执业资格证书的人员,必须经过注册登记,方可以建造师名义执业。 第18条　申请注册的人员必须同时具备以下条件: (一)取得建造师执业资格证书; (二)无犯罪记录; (三)身体健康,能坚持在建造师岗位上工作; (四)经所在单位考核合格。

续　表

序号	职业资格名称	许可条件
15	勘察设计注册工程师 注册土木工程师	《注册土木工程师(岩土)执业资格制度暂行规定》： 第3条　本规定所称注册土木工程师(岩土)，是指取得"中华人民共和国注册土木工程师(岩土)执业资格证书"和"中华人民共和国注册土木工程师(岩土)执业资格注册证书"，从事岩土工程工作的专业技术人员。 第9条　凡中华人民共和国公民，遵守国家法律、法规，恪守职业道德，并具备相应专业教育和职业实践条件者，均可申请参加注册土木工程师(岩土)执业资格考试。 第10条　注册土木工程师(岩土)执业资格考试合格者，由省、自治区、直辖市人事行政部门颁发人事部统一印制，人事部、建设部用印的"中华人民共和国注册土木工程师(岩土)执业资格证书"。 第11条　取得"中华人民共和国注册土木工程师(岩土)执业资格证书"者，应向所在省、自治区、直辖市勘察设计注册工程师管理委员会提出申请，由该委员会向岩土工程专业委员会报送办理注册的有关材料。 第14条　有下列情形之一的，不予注册： (一)不具备完全民事行为能力的； (二)在从事岩土工程或相关业务中犯有错误，受到行政处罚或者撤职以上行政处分，自处罚、处分决定之日起至申请注册之日不满2年的； (三)因受刑事处罚，自处罚完毕之日起至申请注册之日不满5年的； (四)国务院各有关部门规定的不予注册的其他情形。

续　表

序号	职业资格名称		许可条件
15	勘察设计注册工程师	注册结构工程师	（略）
		注册化工工程师	
		注册电气工程师	
		注册公用设备工程师	
		注册环保工程师	
		注册石油天然气工程师	
		注册冶金工程师	
		注册采矿/矿物工程师	
		注册机械工程师	

序号	职业资格名称	许可条件
16	注册验船师	《注册验船师制度暂行规定》： 第7条　注册验船师资格考试设船舶和海上设施、渔业船舶两个类别，每个类别分4个级别。专业技术人员可根据实际工作需要，报名参加相应类别、级别的考试。

类别 级别	船舶和海上设施	渔业船舶
A	国际航行船舶、海上设施、国际航行的渔业辅助船舶	远洋渔业船舶
B	国内海上船舶	国内海上渔业船舶
C	内河船舶	国内海上小型渔业船舶、内河渔业船舶
D	内河小船	内河小型渔业船舶

第10条　凡中华人民共和国公民，遵守国家法律、法规，恪守职业道德，身体健康，并符合相应考试报名条件的人员，均可申请参加相应类别、级别的考试。考试实施办法由人事部分别会同交通部、农业部另行制定。

第13条　注册验船师资格实行注册管理制度。取得资格证书的人员，必须经过注册，方可从事规定范围的船舶检验工作。

第19条　申请注册人员应同时提交下列材料：
（一）《中华人民共和国注册验船师注册申请表》；
（二）相应类别、级别的资格证书；
（三）聘用单位对业务培训、工作经历和检验能力考核合格的证明；
（四）与聘用单位签订的劳动或聘用合同；
（五）注册审批机构规定的其他条件。

第24条　注册验船师有下列情形之一的，应由注册验船师本人或聘用单位及时向相应注册审查机构提出申请，由相应注册审查机构审核批准后，办理注销手续，收回"注册证"。
（一）不具有完全民事行为能力的；
（二）申请注销注册的；
（三）聘用单位被吊销营业执照的；
（四）聘用单位被吊销船舶检验资质证书的；

序号	职业资格名称	许可条件
16	注册验船师	（五）与聘用单位解除劳动或聘用关系的； （六）注册有效期满且未延续注册的； （七）同时受聘于 2 个及以上船舶检验机构的； （八）被依法撤销注册的； （九）受到刑事处罚的； （十）应当注销注册的其他情形。 第 25 条　有下列情形之一的，不予注册： （一）不具有完全民事行为能力的； （二）刑事处罚尚未执行完毕的； （三）因在船舶检验工作中有违法违纪行为受到刑事处罚，自刑事处罚执行完毕之日起至申请注册之日不满 2 年的； （四）法律、法规规定不予注册的其他情形。
17	船员资格(含船员、渔业船员)	《中华人民共和国船员条例》： 第 5 条　申请船员注册，应当具备下列条件： （一）年满 18 周岁（在船实习、见习人员年满 16 周岁）但不超过 60 周岁； （二）符合船员健康要求； （三）经过船员基本安全培训，并经海事管理机构考试合格。 申请注册国际航行船舶船员的，还应当通过船员专业外语考试。 第 8 条　船员有下列情形之一的，海事管理机构应当注销船员注册，并予以公告： （一）死亡或者被宣告失踪的； （二）丧失民事行为能力的； （三）被依法吊销船员服务簿的； （四）本人申请注销注册的。 第 9 条　参加航行和轮机值班的船员，应当依照本条例的规定取得相应的船员适任证书。 申请船员适任证书，应当具备下列条件： （一）已经取得船员服务簿； （二）符合船员任职岗位健康要求； （三）经过相应的船员适任培训、特殊培训； （四）具备相应的船员任职资历，并且任职表现和安全记录良好。

续　表

序号	职业资格名称		许可条件
18	兽医资格	执业兽医	《中华人民共和国动物防疫法》： 　　第54条　国家实行执业兽医资格考试制度。具有兽医相关专业大学专科以上学历的，可以申请参加执业兽医资格考试；考试合格的，由国务院兽医主管部门颁发执业兽医资格证书；从事动物诊疗的，还应当向当地县级人民政府兽医主管部门申请注册。执业兽医资格考试和注册办法由国务院兽医主管部门商国务院人事行政部门制定。 　　本法所称执业兽医，是指从事动物诊疗和动物保健等经营活动的兽医。
		乡村兽医	《乡村兽医管理办法》： 　　第6条　国家实行乡村兽医登记制度。符合下列条件之一的，可以向县级人民政府兽医主管部门申请乡村兽医登记： 　　（一）取得中等以上兽医、畜牧（畜牧兽医）、中兽医（民族兽医）或水产养殖专业学历的； 　　（二）取得中级以上动物疫病防治员、水生动物病害防治员职业技能鉴定证书的； 　　（三）在乡村从事动物诊疗服务连续5年以上的； 　　（四）经县级人民政府兽医主管部门培训合格的。
19	拍卖师		《拍卖师执业资格制度暂行规定》： 　　第9条　凡中华人民共和国公民，遵纪守法，并同时具备下列条件者，可申请参加拍卖师执业资格考试： 　　（一）思想健康，品行端正，具有敬业精神； 　　（二）身体状况良好； 　　（三）具有高等院校专科以上学历和拍卖专业知识； 　　（四）在拍卖企业工作2年以上； 　　（五）通过由国内贸易部组织的拍卖专业人员培训，并经所在拍卖企业推荐。 　　第10条　有下列情形之一者，不得申请参加拍卖师执业资格考试： 　　（一）不具有完全民事行为能力者； 　　（二）被开除公职未满5年以上者； 　　（三）因故意犯罪受过刑事处罚者；

序号	职业资格名称		许可条件
19	拍卖师		(四)受吊销拍卖师执业资格证书处罚,自处罚决定之日起至申请报名之日未满 5 年者。 　　第 12 条　拍卖师执业资格考试合格者,经全国考试委员会办公室考核评议通过后,由中国拍卖行业协会颁发国内贸易部、人事部用印的拍卖师执业资格证书,该证书全国范围内有效。 　　第 14 条　考试合格取得拍卖师执业资格的人员,需在 3 个月内到中国拍卖行业协会申请办理注册登记手续。逾期不办者,当年考试成绩作废。
20	演出经纪人员资格		《演出经纪人员管理办法》: 　　第 8 条　凡年满 18 周岁以上,中专以上文化程度,具有完全民事行为能力的(含我国香港特别行政区、澳门特别行政区、台湾地区人员),可以通过考试取得演出经纪人员资格证书。 　　第 17 条　中国演出行业协会应当加强对演出经纪人员的信用管理,对演出经纪人员违反职业道德和行业规范的行为,应当在行业内按规定处理。演出经纪机构受到行政处罚的,中国演出行业协会应当对负责该项经纪业务的演出经纪人员予以通报批评,情节严重的,中国演出行业协会应当注销其演出经纪资格证书,自注销之日起 5 年内不得重新申请。
21	医生资格	医师	《中华人民共和国执业医师法》: 　　第 9 条　具有下列条件之一的,可以参加执业医师资格考试:(一)具有高等学校医学专业本科以上学历,在执业医师指导下,在医疗、预防、保健机构中试用期满 1 年的;(二)取得执业助理医师执业证书后,具有高等学校医学专科学历,在医疗、预防、保健机构中工作满 2 年的;具有中等专业学校医学专业学历,在医疗、预防、保健机构中工作满 5 年的。 　　第 10 条　具有高等学校医学专科学历或者中等专业学校医学专业学历,在执业医师指导下,在医疗、预防、保健机构中试用期满 1 年的,可以参加执业助理医师资格考试。 　　第 12 条　医师资格考试成绩合格,取得执业医师资格或者执业助理医师资格。

续　表

序号	职业资格名称	许可条件
21	医生资格	**医师**　第13条　国家实行医师执业注册制度。取得医师资格的,可以向所在地县级以上人民政府卫生行政部门申请注册。除有本法第15条规定的情形外,受理申请的卫生行政部门应当自收到申请之日起30日内准予注册,并发给由国务院卫生行政部门统一印制的医师执业证书。医疗、预防、保健机构可以为本机构中的医师集体办理注册手续。 　　第14条　医师经注册后,可以在医疗、预防、保健机构中按照注册的执业地点、执业类别、执业范围执业,从事相应的医疗、预防、保健业务。未经医师注册取得执业证书,不得从事医师执业活动。 　　第15条　有下列情形之一的,不予注册:(一)不具有完全民事行为能力的;(二)因受刑事处罚,自刑罚执行完毕之日起至申请注册之日不满2年的;(三)受吊销医师执业证书行政处罚,自处罚决定之日起至申请注册之日不满2年的;(四)有国务院卫生行政部门规定不宜从事医疗、预防、保健业务的其他情形的。受理申请的卫生行政部门对不符合条件不予注册的,应当自收到申请之日起30日内书面通知申请人,并说明理由。申请人有异议的,可以自收到通知之日起15日内,依法申请复议或者向人民法院提起诉讼。 **乡村医生**　《乡村医生从业管理条例》: 　　第10条　本条例公布前的乡村医生,取得县级以上地方人民政府卫生行政主管部门颁发的乡村医生证书,并符合下列条件之一的,可以向县级人民政府卫生行政主管部门申请乡村医生执业注册,取得乡村医生执业证书后,继续在村医疗卫生机构执业: 　　(一)已经取得中等以上医学专业学历的; 　　(二)在村医疗卫生机构连续工作20年以上的; 　　(三)按照省、自治区、直辖市人民政府卫生行政主管部门制定的培训规划,接受培训取得合格证书的。 　　第14条　乡村医生有下列情形之一的,不予注册: 　　(一)不具有完全民事行为能力的; 　　(二)受刑事处罚,自刑罚执行完毕之日起至申请执业注册之日不满2年的; 　　(三)受吊销乡村医生执业证书行政处罚,自处罚决定之日起至申请执业注册之日不满2年的。

序号	职业资格名称	许可条件
21	医生资格	人体器官移植医师	《浙江省卫生计生委关于做好人体器官移植医师培训基地认定和人体器官移植医师培训与资格认定有关工作的通知》(浙卫发〔2017〕37号):

《浙江省卫生计生委关于做好人体器官移植医师培训基地认定和人体器官移植医师培训与资格认定有关工作的通知》(浙卫发〔2017〕37号):

人体器官移植医师执业资格分为肝脏移植医师、肾脏移植医师、心脏移植医师、肺脏移植医师、小肠移植医师、胰腺移植医师执业资格,具体认定要求如下:

一、新申请认定人体器官移植医师执业资格应同时具备以下条件:

(一)持有"医师执业证书",执业类别为临床,执业范围为外科或儿科(小儿外科方向),执业地点为三级医院;

(二)近3年未发生二级以上负完全责任或主要责任的医疗事故,无违反医疗卫生相关法律、法规、规章、伦理原则和人体器官移植技术管理规范的行为;

(三)取得主治医师专业技术职务任职资格,有5年以上人体器官移植临床工作经验或8年以上相关外科或小儿外科临床工作经验;

(四)经培训基地培训并考核合格。

二、在2016年9月25日前已从事人体器官移植的医师,申请执业资格认定,需同时满足以下条件:

(一)执业地点为具有相应人体器官移植诊疗科目的医院,具有副主任医师及以上专业技术职务任职资格;

(二)近8年连续从事人体器官移植相关专业临床工作;

(三)近5年累计以手术医师实施移植手术达到规定数量且移植器官生存率符合国家有关技术管理规范,其中:

申请肝脏移植医师执业资格认定的,近5年累计以手术医师实施肝脏移植手术应当不少于30例;

申请肾脏移植医师执业资格认定的,近5年累计以手术医师实施肾脏移植手术应当不少于50例;

申请心脏、肺脏移植医师执业资格认定的,近5年累计以手术医师实施心脏、肺脏移植手术应当各不少于5例;

申请小肠、胰腺移植医师执业资格认定的,近5年累计以手术医师实施小肠、胰腺移植手术应当各不少于2例。

续　表

序号	职业资格名称	许可条件
22	护士执业资格	《护士条例》： 　　第7条　护士执业,应当经执业注册取得护士执业证书。 　　申请护士执业注册,应当具备下列条件： 　　(一)具有完全民事行为能力； 　　(二)在中等职业学校、高等学校完成国务院教育主管部门和国务院卫生主管部门规定的普通全日制3年以上的护理、助产专业课程学习,包括在教学、综合医院完成8个月以上护理临床实习,并取得相应学历证书； 　　(三)通过国务院卫生主管部门组织的护士执业资格考试； 　　(四)符合国务院卫生主管部门规定的健康标准。 　　护士执业注册申请,应当自通过护士执业资格考试之日起3年内提出；逾期提出申请的,除应当具备前款第(一)项、第(二)项和第(四)项规定条件外,还应当在符合国务院卫生主管部门规定条件的医疗卫生机构接受3个月临床护理培训并考核合格。 《护士执业资格考试办法》： 　　第12条　在中等职业学校、高等学校完成国务院教育主管部门和国务院卫生主管部门规定的普通全日制3年以上的护理、助产专业课程学习,包括在教学、综合医院完成8个月以上护理临床实习,并取得相应学历证书的,可以申请参加护士执业资格考试。
23	母婴保健技术服务人员资格	《母婴保健专项技术服务许可及人员资格管理办法》： 　　第10条　凡从事《中华人民共和国母婴保健法》规定的婚前医学检查、遗传病诊断、产前诊断、施行结扎手术和终止妊娠手术以及家庭接生技术服务的人员,必须符合《母婴保健专项技术服务基本标准》的有关规定,经考核合格,取得"母婴保健技术考核合格证书""家庭接生员技术合格证书"。 　　(申报材料:1."医师资格证书""医师执业证书"原件和复印件;2.卫生计生行政部门的母婴保健技术人员资格考核认定文件;3.《母婴保健技术服务人员考核审批表》。)

序号	职业资格名称	许可条件
24	出入境检疫处理人员资格	《出入境检疫处理单位和人员管理办法》： 第20条　年满18周岁，身体健康，具有完全民事行为能力，具备检疫处理基本知识，掌握检疫处理操作技能的人员，可以参加检疫处理人员从业资格考试。 第21条　检疫处理人员资格分为两类，即熏蒸处理类(A类、B类)、其他类(C类、D类、E类、F类、G类)。
25	注册设备监理师	《注册设备监理师执业资格制度暂行规定》： 第11条　注册设备监理师执业资格实行注册登记制度。取得"中华人民共和国注册设备监理师执业资格证书"的人员，必须经过注册登记才能以注册设备监理师名义执业。 第15条　申请注册者，必须同时具备下列条件： (一)取得"中华人民共和国注册设备监理师执业资格证书"； (二)遵纪守法，恪守职业道德； (三)身体健康，能坚持在注册设备监理师岗位工作； (四)所在单位考核合格。 第18条　经注册的注册设备监理师有下列情形之一的，由原注册登记机构注销注册。 (一)不具有完全民事行为能力的； (二)受刑事处罚的； (三)因过错造成设备工程重大经济损失的； (四)严重违反职业道德的； (五)脱离注册设备监理师岗位连续满2年的； (六)同时在2个以上设备监理机构进行监理活动的。
26	注册计量师	《注册计量师制度暂行规定》： 第10条　凡中华人民共和国公民，遵守国家法律、法规，恪守职业道德，并符合注册计量师资格考试相应报名条件的人员，均可申请参加相应级别注册计量师的考试。 第11条　一级注册计量师资格考试报名条件： (一)取得理学类或工学类专业大学专科学历，工作满6年，其中从事计量技术工作满4年的；

序号	职业资格名称	许可条件
26	注册计量师	（二）取得理学类或工学类专业大学本科学历,工作满 4 年,其中从事计量技术工作满 3 年的; （三）取得理学类或工学类专业双学士学位或研究生班毕业,工作满 3 年,其中从事计量技术工作满 2 年的; （四）取得理学类或工学类专业硕士学位,工作满 2 年,其中从事计量技术工作满 1 年的; （五）取得理学类或工学类专业博士学位,从事计量技术工作满 1 年的; （六）取得其他类专业相应学历、学位的人员,其工作年限和从事计量技术工作年限相应增加 2 年。 第 12 条　二级注册计量师资格考试报名条件: （一）取得工学类中专学历后,从事计量技术工作满 2 年的; （二）取得理学类或工学类专业大学专科及以上学历或学位,从事计量技术工作满 1 年。 第 15 条　国家对注册计量师资格实行注册执业管理,取得注册计量师资格证书的人员,经过注册后方可以相应级别注册计量师名义执业。 第 25 条　注册计量师有下列情形之一的,应当由注册计量师本人或聘用单位及时向当地省级质量技术监督部门提出申请,由相应注册审批机关审核批准后,办理注销手续,收回"注册证": （一）不具有完全民事行为能力的; （二）申请注销注册的; （三）注册有效期满且未延续注册的; （四）被依法撤销注册的; （五）受到刑事处罚的; （六）与聘用单位解除劳动或聘用关系的; （七）聘用单位被依法取消计量技术工作资质的; （八）因本人过失造成利害关系人重大经济损失的; （九）应当注销注册的其他情形。 第 26 条　有下列情形之一的,不予注册: （一）不具有完全民事行为能力的;

序号	职业资格名称	许可条件
26	注册计量师	（二）刑事处罚尚未执行完毕的； （三）因在计量技术工作中受到刑事处罚的，自刑事处罚执行完毕之日起至申请注册之日不满2年的； （四）法律、法规规定不予注册的其他情形。
27	广播电视播音员、主持人资格	《广播电视编辑记者、播音员主持人资格管理暂行规定》： 第8条　符合下列条件的人员，可以报名参加资格考试： （一）遵守宪法、法律、广播电视相关法规、规章； （二）坚持四项基本原则，拥护中国共产党的基本理论、基本路线和方针政策； （三）具有完全民事行为能力； （四）具有大学专科及以上学历（含应届毕业生）。 第9条　有下列情形之一的，不能报名参加考试，已经办理报名手续的，报名无效： （一）因故意犯罪受过刑事处罚的； （二）受过党纪政纪开除处分的。 第16条　具备下列条件的人员，可以申请相关执业资格注册： （一）已取得"广播电视编辑记者资格考试合格证"或"广播电视播音员主持人资格考试合格证"； （二）在制作、播出机构相应岗位实习满1年； （三）身体状况能胜任所申请执业的工作岗位要求； （四）无本规定第9条所列情形； （五）以普通话为基本用语的播音员主持人，取得与岗位要求一致的普通话水平测试等级证书。 第23条　有下列情形之一的，注册机关不予办理注册手续；制作、播出机构应将责任人调离广播电视采访编辑或播音主持岗位： （一）出现本规定第9条所列情形的； （二）因本人过错造成重大宣传事故的； （三）违反职业纪律、违背职业道德，造成恶劣影响的； （四）品行不端、声誉较差的。 出现本条第（一）、（二）、（三）项情形的，申请人在3年内不得再次提出注册申请。

续 表

序号	职业资格名称	许可条件
28	新闻记者职业资格	《新闻记者证管理办法》： 第9条 新闻机构中领取新闻记者证的人员需同时具备下列条件： （一）遵守国家法律、法规和新闻工作者职业道德； （二）具备大学专科以上学历并获得国务院有关部门认定的新闻采编从业资格； （三）在新闻机构编制内从事新闻采编工作的人员，或者经新闻机构正式聘用从事新闻采编岗位工作且具有1年以上新闻采编工作经历的人员。 本条所称"经新闻机构正式聘用"，是指新闻采编人员与其所在新闻机构签有劳动合同。 第10条 下列人员不发新闻记者证： （一）新闻机构中党务、行政、后勤、经营、广告、工程技术等非采编岗位的工作人员； （二）新闻机构以外的工作人员，包括为新闻单位提供稿件或者节目的通讯员、特约撰稿人，专职或兼职为新闻机构提供新闻信息的其他人员； （三）教学辅导类报纸、高等学校校报工作人员以及没有新闻采访业务的期刊编辑人员； （四）有不良从业记录的人员、被新闻出版行政部门吊销新闻记者证并在处罚期限内的人员或者受过刑事处罚的人员。
29	注册安全工程师	《注册安全工程师执业资格制度暂行规定》： 第11条 凡中华人民共和国公民，遵守国家法律、法规，并具备下列条件之一者，可以申请参加注册安全工程师执业资格考试： （一）取得安全工程、工程经济类专业中专学历，从事安全生产相关业务满7年；或取得其他专业中专学历，从事安全生产相关业务满9年。 （二）取得安全工程、工程经济类大学专科学历，从事安全生产相关业务满5年；或取得其他专业大学专科学历，从事安全生产相关业务满7年。 （三）取得安全工程、工程经济类大学本科学历，从事安全生产相关业务满3年；或取得其他专业大学本科学历，从事安全生产相关业务满5年。

序号	职业资格名称	许可条件
29	注册安全工程师	（四）取得安全工程、工程经济类第二学士学位或研究生班毕业，从事安全生产及相关工作满2年；或取得其他专业第二学士学位或研究生班毕业，从事安全生产相关业务满3年。 （五）取得安全工程、工程经济类硕士学位，从事安全生产相关业务满1年；或取得其他专业硕士学位，从事安全生产相关业务满2年。 （六）取得安全工程、工程经济类专业博士学位；或取得其他专业博士学位，从事安全生产相关业务满1年。 第16条　申请注册的人员，必须同时具备下列条件： （一）取得"中华人民共和国注册安全工程师执业资格证书"； （二）遵纪守法，恪守职业道德； （三）身体健康，能坚持在生产经营单位中安全生产管理、安全工程技术岗位或为安全生产提供技术服务的中介机构工作； （四）所在单位考核合格。 再次注册者，除符合本规定第16条规定外，还须提供接受继续教育和参加业务培训的证明。 第20条　注册安全工程师在注册后，有下列情形之一的，由所在单位向注册管理机构办理注销注册： （一）脱离安全工作岗位连续满1年的； （二）不具有完全民事行为能力的； （三）受刑事处罚的； （四）严重违反职业道德的； （五）同时在2个及以上独立法人单位执业的。
30	执业药师	《执业药师资格制度暂行规定》： 第9条　凡中华人民共和国公民和获准在我国境内就业的其他国籍的人员具备以下条件之一者，均可申请参加执业药师资格考试： （一）取得药学、中药学或相关专业中专学历，从事药学或中药学专业工作满7年； （二）取得药学、中药学或相关专业大专学历，从事药学或中药学专业工作满5年；

序号	职业资格名称	许可条件
30	执业药师	（三）取得药学、中药学或相关专业大学本科学历，从事药学或中药学专业工作满 3 年； （四）取得药学、中药学或相关专业第二学士学位、研究生班结业或取得硕士学位，从事药学或中药学专业工作满 1 年； （五）取得药学、中药学或相关专业博士学位。 　　第 10 条　执业药师资格考试合格者，由各省、自治区、直辖市人事（职改）部门颁发人事部统一印制的、人事部与国家药品监督管理局用印的中华人民共和国《执业药师资格证书》。该证书在全国范围内有效。 　　第 12 条　取得"执业药师资格证书"者，须按规定向所在省（区、市）药品监督管理局申请注册。经注册后，方可按照注册的执业类别、执业范围从事相应的执业活动。未经注册者，不得以执业药师身份执业。 　　第 13 条　申请注册者，必须同时具备下列条件： （一）取得"执业药师资格证书"； （二）遵纪守法，遵守药师职业道德； （三）身体健康，能坚持在执业药师岗位工作； （四）经所在单位考核同意。 　　第 16 条　执业药师注册有效期为 3 年，有效期满前 3 个月，持证者须到注册机构办理再次注册手续。再次注册者，除须符合第 13 条的规定外，还须有参加继续教育的证明。 　　第 17 条　执业药师有下列情形之一的，由所在单位向注册机构办理注销注册手续： （一）死亡或被宣告失踪的； （二）受刑事处罚的； （三）受取消执业资格处分的； （四）因健康或其他原因不能或不宜从事执业药师业务的。 　　凡注销注册的，由所在省（区、市）的注册机构向国家药品监督管理局备案，并由国家药品监督管理局定期公告。

序号	职业资格名称	许可条件
31	专利代理人	《专利代理条例》： 　　第11条　专利代理机构应当聘任有"专利代理人资格证书"的人员为专利代理人。对聘任的专利代理人应当办理聘任手续，由专利代理机构发给"专利代理人工作证"，并向中国专利局备案。 　　初次从事专利代理工作的人员，实习满1年后，专利代理机构方可发给"专利代理人工作证"。 　　第15条　拥护中华人民共和国宪法，并具备下列条件的中国公民，可以申请专利代理人资格： 　　（一）18周岁以上，具有完全民事行为能力； 　　（二）高等院校理工科专业毕业（或者具有同等学力），并掌握一门外语； 　　（三）熟悉专利法和有关的法律知识； 　　（四）从事过2年以上的科学技术工作或者法律工作。
		《专利代理人资格考试实施办法》： 　　第7条　报名参加专利代理人资格考试的人员，应当符合《专利代理条例》第15条规定的条件。 　　有下列情形之一的人员，不得参加专利代理人资格考试： 　　（一）因故意犯罪受过刑事处罚的； 　　（二）被吊销专利代理人资格的； 　　（三）属于本办法第12条规定的被处以3年内不得报名参加专利代理人资格考试，且未满3年的。
32	导游资格	《导游人员管理条例》： 　　第3条　国家实行全国统一的导游人员资格考试制度。 　　具有高级中学、中等专业学校或者以上学历，身体健康，具有适应导游需要的基本知识和语言表达能力的中华人民共和国公民，可以参加导游人员资格考试；经考试合格的，由国务院旅游行政部门或者国务院旅游行政部门委托省、自治区、直辖市人民政府旅游行政部门颁发导游人员资格证书。 　　第4条　在中华人民共和国境内从事导游活动，必须取得导游证。

序号	职业资格名称	许可条件
32	导游资格	导游人员取得资格证书的,经与旅行社订立劳动合同或者在导游服务公司登记,方可持所订立的劳动合同或者登记证明材料,向省、自治区、直辖市人民政府旅游行政部门申请领取导游证。 　　具有特定语种语言能力的人员,虽未取得导游人员资格证书,旅行社需要聘请临时从事导游活动的,由旅行社向省、自治区、直辖市人民政府旅游行政部门申请领取临时导游证。 　　导游证和临时导游证的样式规格,由国务院旅游行政部门规定。 　　第5条　有下列情形之一的,不得颁发导游证: 　　(一)无民事行为能力或者限制民事行为能力的; 　　(二)患有传染性疾病的; 　　(三)受过刑事处罚的,过失犯罪的除外; 　　(四)被吊销导游证的。
33	注册测绘师	《注册测绘师制度暂行规定》: 　　第9条　凡中华人民共和国公民,遵守国家法律、法规,恪守职业道德,并具备下列条件之一的,可申请参加注册测绘师资格考试: 　　(一)取得测绘类专业大学专科学历,从事测绘业务工作满6年的; 　　(二)取得测绘类专业大学本科学历,从事测绘业务工作满4年的; 　　(三)取得含测绘类专业在内的双学士学位或者从测绘类专业研究生班毕业,从事测绘业务工作满3年的; 　　(四)取得测绘类专业硕士学位,从事测绘业务工作满2年的; 　　(五)取得测绘类专业博士学位,从事测绘业务工作满1年的; 　　(六)取得其他理学类或者工学类专业学历或者学位的人员,其从事测绘业务工作年限相应增加2年。 　　第12条　国家对注册测绘师资格实行注册执业管理,取得"中华人民共和国注册测绘师资格证书"的人员,经过注册后方可以注册测绘师的名义执业。

序号	职业资格名称	许可条件
33	注册测绘师	第14条　申请注册测绘师资格注册的人员,应受聘于一个具有测绘资质的单位,并通过聘用单位所在地(聘用单位属企业的通过本单位工商注册所在地)的测绘行政主管部门,向省、自治区、直辖市人民政府测绘行政主管部门提出注册申请。 　　第23条　注册申请人有下列情形之一的,不予注册: 　　(一)不具有完全民事行为能力的; 　　(二)刑事处罚尚未执行完毕的; 　　(三)因在测绘活动中受到刑事处罚,自刑事处罚执行完毕之日起至申请注册之日不满3年的; 　　(四)法律、法规规定不予注册的其他情形。
34	航空人员资格　空勤人员、地面人员、民用航空器外国驾驶员、领航员、飞行机械员、飞行通信员	(略)
	航空安全员	《航空安全员合格审定规则》: 　　第11条　执照申请人应当具备下列条件: 　　(一)具有中华人民共和国国籍; 　　(二)年满18周岁; 　　(三)男性身高1.70米—1.85米,女性身高1.65米—1.75米; 　　(四)具有高中毕业以上文化程度; 　　(五)未受刑事处罚,通过局方规定的背景调查; 　　(六)持有现行有效的Ⅳb级体检合格证; 　　(七)在申请执照前6个日历月内必须完成由教员按照民航总局规定的训练大纲实施的初任训练,并通过相应的理论考试和基本体、技能考试;

续　表

序号	职业资格名称	许可条件
34	航空人员资格 — 航空安全员	（八）符合法律、法规及民航总局规定的其他条件。 执照被撤销的，自撤销之日起 1 年内不得申请本规则规定的执照。 第 21 条　有下列情形之一的，民航总局应当办理执照注销手续： （一）执照被依法撤销的； （二）执照持有人，男性年龄超过 55 周岁、女性年龄超过 50 周岁的； （三）执照持有人放弃执照所有权利的； （四）法律、法规、规章规定的其他情形。
	民用航空电信人员、航行情报人员、气象人员	（略）
35	会计从业资格	2017 年 11 月 4 日通过的《全国人大常委会关于修改〈中华人民共和国会计法〉等十一部法律的决定》已取消了会计从业资格。
36	特种设备检验、检测人员资格认定	《中华人民共和国特种设备安全法》： （资料来源国家市场监督管理总局 http://www.samr.gov.cn/tzsbj/zcfg/flfg/201307/t20130710_290144.html） （一）检验人员的报考条件如下： 1. 年龄在 18 周岁以上（含 18 周岁），60 周岁以下（含 60 周岁），具有完全民事行为能力； 2. 学历、检验经历、技术职称、专业培训等资历满足申请项目的要求； 3. 身体条件能够满足从事申请项目检验工作的要求； 4. 具备相应的特种设备检验知识和技能。 （二）检测人员的报考条件如下：

序号	职业资格名称	许可条件
36	特种设备检验、检测人员资格认定	1. 年龄在 18 周岁以上(含 18 周岁),60 周岁以下(含 60 周岁),具有完全民事行为能力; 2. 学历、检测经历、专业培训经历等资历满足申请项目的要求; 3. 身体条件能够满足从事申请项目检测工作的要求,至少单眼或者双眼的裸眼或者矫正视力不低于《标准对数视力表》(GB 11533—2011)的 4.5 级,颜色视觉能辨别和区分所涉及的无损检测方法规定的颜色之间的对比; 4. 具备相应的特种设备无损检测知识和技能。
	技能人员(5 项)	
1	消防设施操作员	《消防法》(该法对许可条件未作明确规定): 第 21 条　禁止在具有火灾、爆炸危险的场所吸烟、使用明火。因施工等特殊情况需要使用明火作业的,应当按照规定事先办理审批手续,采取相应的消防安全措施;作业人员应当遵守消防安全规定。 进行电焊、气焊等具有火灾危险作业的人员和自动消防系统的操作人员,必须持证上岗,并遵守消防安全操作规程。
2	焊工	《消防法》对焊工资格许可条件未作明确规定。 《民用核安全设备监督管理条例》: 第 25 条　民用核安全设备制造、安装、无损检验单位和民用核设施营运单位,应当聘用取得民用核安全设备焊工、焊接操作工和无损检验人员资格证书的人员进行民用核安全设备焊接和无损检验活动。 民用核安全设备焊工、焊接操作工由国务院核安全监管部门核准颁发资格证书。民用核安全设备无损检验人员由国务院核行业主管部门按照国务院核安全监管部门的规定统一组织考核,经国务院核安全监管部门核准,由国务院核行业主管部门颁发资格证书。 民用核安全设备焊工、焊接操作工和无损检验人员在民用核安全设备焊接和无损检验活动中,应当严格遵守操作规程。

序号	职业资格名称		许可条件
3	家畜繁殖员		《畜牧法》： 　　第27条　专门从事家畜人工授精、胚胎移植等繁殖工作的人员，应当取得相应的国家职业资格证书。 　　《种畜禽管理条例》： 　　第22条　从事畜禽人工授精的人员，取得县级以上人民政府畜牧行政主管部门核发的证书后，方可从事该项工作。 　　（参照：中华人民共和国中央人民政府网站http://www.gov.cn/gongbao/content/2011/content_1860850.htm） 　　畜禽人工授精员从业资格认定申请条件： 　　（一）热爱畜牧技术服务工作，有一定畜牧兽医相关知识，并能熟练地掌握畜禽（猪、牛、羊）人工授精操作流程； 　　（二）身体健康，无人畜共患病及其他传染性疾病； 　　（三）参加县级以上畜牧主管部门组织的人工授精技术员资格培训班，并考核合格。
4	健身和娱乐场所服务人员	游泳救生员	《全民健身条例》对该项资格许可条件未作明确规定。 　　《游泳救生员操作技能考核标准（试行）》： 　　初级游泳救生员申报条件（具备以下条件之一者）： 　　1.具有200M不间歇连续游（不限时）的游泳技能，经本职业初级正规培训达规定标准学时数，并取得结业证书； 　　2.获得国家三级及以上运动员等级（游泳）证书，经本职业初级正规培训达规定标准学时数，并取得结业证书； 　　3.取得中等以上体育专业学校（游泳）毕业证书。 　　（其他级别略）
		社会体育指导员（游泳、滑雪、潜水、攀岩）	《社会体育指导员管理办法》： 　　第15条　申请授予或晋升社会体育指导员技术等级称号的人员，应当向开展志愿服务所在地的县级体育主管部门、经批准的省级协会或委托的组织提交下列材料： 　　（一）申请书； 　　（二）社会体育指导员技术等级培训合格证书，或高等体育专业学历、体育教师、职业社会体育指导员、教练员、优秀运动员资质证书；

序号	职业资格名称	许可条件
4	健身和娱乐场所服务人员	社会体育指导员(游泳、滑雪、潜水、攀岩)	(三)所在单位或体育组织的推荐书; (四)申请晋升的,需提交原技术等级证书; (五)单项体育协会对申请人所传授的体育项目有技能标准要求的,需提交该体育项目的技能培训合格证书; (六)参加继续培训、工作交流和展示活动的证书或证明。 《社会体育指导员技术等级标准》: 社会体育指导员的基本条件: (一)具有完全民事行为能力的中华人民共和国公民; (二)具有志愿服务精神和良好道德素养,遵纪守法; (三)热心全民健身事业,正在开展或准备开展经常性的全民健身志愿服务(以下简称志愿服务); (四)接受有关组织和单位的管理,承担指派的工作任务; (五)参加社会体育指导员相应等级的培训,考核合格; (六)所传授的体育项目有技能标准要求的,应当参加该体育项目的培训并达到标准。
5	轨道交通运输服务人员		《关于印发客车检车员等 10 个国家职业标准的通知》(劳社厅发〔2005〕11 号): 电力机车司机职业标准: 1.职业概况 1.1职业名称 电力机车司机。 1.2职业定义 驾驶电力机车从事铁路运输及相关作业的人员。 1.3职业等级 本职业共设三个等级,分别为高级(国家职业资格三级)、技师(国家职业资格二级)、高级技师(国家职业资格一级)。 1.4职业环境条件 室外、在移动的机车上,接触噪声、磁场、振动。 1.5职业能力特征 有较强的反应能力和较好的分析判断能力;形体感和空间感强;心理素质好;动作协调性好;有一定的

序号	职业资格名称	许可条件
5	轨道交通运输服务人员	语言(普通话)和文字表达能力;身体状况符合铁道行业机车乘务员体检标准。 1.6 基本文化程度 中等专业毕业(或同等专业学历)。 1.7 培训要求 1.7.1 培训期限 全日制职业学校教育,根据其培养目标和教学计划确定。晋级培训期限根据《铁路特有职业(二种)培训制度》确定。 ……

二、许可条件的类型

通过上述表格中的梳理,我们或许会不无惊讶地发现,即使在大规模的清理以后,我国不少职业资格在其被设定时实际上并无许可条件的规定。这在技能人员的职业资格中表现得尤为明显。例如,《消防法》第21条规定了自动消防系统的操作人员必须持证上岗,但是却未规定操作人员需具备何种条件才能获得"上岗证"。同样的现象也出现在焊工、家畜繁殖员、轨道交通运输服务人员的职业资格中。这一做法明显与《行政许可法》的规定相悖。

在已经对许可条件做了明确规定的职业资格中,其许可条件大体上可以被分成以下几种类型。

(一)技能类条件

这类条件是所有职业资格中均普遍设立的条件。职业资格作为一种对职业准入的管制制度,主要是防止不具有相关职业技能的人员从事可能危害自身或社会的活动。因此,考察从业人员的职业技能成为各类职业资格的首要任务。

（二）品行类条件

在不少职业资格种类中，均要求从业者应当具有"良好的品行"。尽管品行是否良好极难认定，致使这样的规定因其很难操作而几乎毫无意义，但是立法仍常常对此提出要求。

（三）禁止类条件

对于有些职业资格，立法明确排除了相关人员获取该项资格的可能性。而其中最为常见的，则是对具有犯罪记录的人员的禁止性规定。

（四）其他条件

除了上述几种较具实质性意义的条件之外，职业资格的获取通常也还包括了国籍、年龄、身体素质和民事行为能力等一般条件。

三、待解决的问题

从规范层面看，我国《行政许可法》第 12 条对职业资格许可的条件亦已做了笼统的规定：提供公众服务的职业若需具备"特殊信誉、特殊条件或者特殊技能"的，可设定行政许可。但是，此"三个特殊"该如何解读？学理上并无明确阐释。因此，对于保留的 40 项职业资格许可（不含已废止的"会计从业资格"），其条件应如何设定，如何评价其正当性，迄今仍无细致的研究。

从目前的立法规定来看，关于职业资格许可条件的设定内容高度雷同，相互之间实际上存在着一种模仿。例如，注册计量师与注册测绘师等职业资格之间，其关于资格考试报名的条件几乎是同一个"模子"复印出来的。但是,对于这些许可条件的设定却往往缺少真正有价值的反思。例如,是应当采取书面考试模式还是技能考核模式?获取职业资格是否需要以实践经历作为前提?是否只有"品行良好"的人才能获取该职业资格?有犯罪记录的人能否获取该项职业资格?从业人员被吊销或撤销职业资格后能否重新获取该资格?若可以,其需要满足何种条件?迄今为止,对这一系列的追问我们都无法给出令人信服的答案。甚至可以说,目前我们关于职业资格许可条件的设定都是盲目的,其结果则是使得这些职业资格的设立达不到或者偏离管制目的,甚至使得它们的存在失去了意义。

第二节 技能类条件的设定

一、现状考察

从目前已设置的各类职业资格来看,技能类条件是最为普遍的许可条件。考察劳动者技能的主要手段是考试,极少采用考核方式。在作为分析样本的 37 项资格许可中[①],只有 5 项是通过考核方式来测试技能,即民用核设施操纵人员资格、乡村兽

---

① 人社部 2017 年 10 月 24 日公布了 41 项准入类职业资格,其中会计从业资格已被废止。另外,因现行法律法规对消防设施操作员、焊工、轨道交通运输服务人员 3 项职业资格的许可条件未作规定或内容不明,故列入许可条件考察样本的职业资格为 37 项。

医、乡村医生、家畜繁殖员、健身和娱乐场所服务人员资格。[①]

所有的职业资格考试都规定了报名条件。在报名条件中，除了公民资格、身体素质等一般条件之外，最主要的条件有两个。

一是学历与专业。在32项以考试方式来获取职业资格的项目中，仅有3项考试无明确的学历要求，即船员、注册土木工程师（岩土）、出入境检疫处理人员资格。学历要求通常为专科以上，但也有仅需高中甚至初中以上的，如民用核安全设备无损检验人员、导游。在规定学历要求的同时，一般也设定了专业限制。在有学历要求的职业资格中（高中、初中除外），仅有少数职业资格考试未设定专业限制，如教师资格、法律职业资格、拍卖师、特种设备检验检测人员等。专业要求通常按大类设置。例如，专利代理人的报名要求为"理工科专业毕业"等。

二是从业经历。在32项须以考试方式获取职业资格的项目中，有25项要求报名者须具有"相关专业工作经历"或"相关业务工作经历"，另外7项则无须工作经历。[②] 可见，要求具有特定或相关工作经历的还是占了绝大多数。

---

① 关于家畜繁殖员的资格认定，笔者并未检索到全国统一的规范性文件。四川省天全县人民政府信息公开系统中《畜禽人工授精员从业资格认定》规定的申请条件为：（一）热爱畜牧技术服务工作、有一定畜牧兽医相关知识，并能熟练地掌握畜禽（猪、牛、羊）人工授精操作流程；（二）身体健康，无人畜共患病及其他传染性疾病；（三）参加县级以上畜牧主管部门组织的人工授精技术员资格培训班，并考核合格。资料来源：http://www.langzhong.gov.cn/govopen/openInfo.jspx? id=20150918 093104-041223-00-000。另，新闻记者职业资格本身属于考核获取，但作为其获取前提的新闻采编从业资格需要经过考试，故本项职业资格亦列入考试范畴。

② 这7种未将工作经历（实践经历）作为获取职业资格条件的职业资格种类为：教师资格、法律职业资格、注册土木工程师（岩土）、演出经纪人员、出入境检疫处理人员、导游、特种设备检验检测人员。

总体上看,各类职业资格关于技能类条件的设定大同小异,其内容雷同程度极高。概言之,技能类条件的设定可概括为:以考试方式为主,考核方式为辅;以具备学历要求为主,无学历要求为辅;以有专业要求为主,以无专业要求为辅;以具备从业经历要求为主,以无须从业经历要求为辅。

二、条件的正当性分析

"对职业自由的限制,除了复杂的事实判断和政策抉择之外,还有着深厚的正当性基础。"[①]职业资格制度设立的目的正当性,在于管制特定职业的致害风险。由于特定职业具有一种"公共服务"的性质,因而倘若从业者缺乏相应的技能或品质,可能对公共利益或自身安全构成极大威胁。于是,"职业资格"便应运而生。那么,当下制度对于技能考察的要求,是否能够契合风险管制之目标需求呢?

通过前文的分析我们可以看到,我国目前职业资格制度对于劳动者职业技能的考察重点,仍是侧重于"知识"的层面,而非"技能"的层面。其典型特征体现在以下两个方面。

一是从考察方式来看,目前仍以对"专业知识"的书面考试为主要方式,而不是以对"实践技能"的现场考核为主。通常而言,考试主要是考查劳动者对相关知识的理解与记忆,重在考察应试者对知识理解的准确性和系统性;考核则主要是考察劳动者对某项技术的操作流程、要点把握、风险防范等知识的运用能力,一般以当面观察方式进行。相比之下,现场考核方式更能考

---

① 高景芳:《论职业自由限制的正当性基础》,载《法学论坛》2011年第3期。

察劳动者的实践技能。

二是从考试内容来看,目前仍将学历作为最主要的报名条件,考试科目的设置也与学历考试没有本质区别,有些科目甚至可以相互替代。以被废止的统计从业人员资格为例,《统计从业资格认定办法》(国家统计局令第 10 号)规定,统计从业人员考试的科目为两门:统计基础知识与统计实务、统计法基础知识。该《办法》第 8 条还规定,已具备统计学类、经济学类、工商管理类专业本科以上学历的人员,可免于参加统计基础知识与统计实务科目的考试。

综上,我国当下的职业资格考试,呈现出较为明显的"重知识轻技能"的特征。从某种角度看,这种考试更像是由于对学历教育的不信任而进行的一次新的全国统考性质的"期末考试"。尽管它不无意义,但它对于提高从业者的职业技能却收效甚微。反观国外的职业资格考试,其普遍采用"密切结合实际工作的现场考核方式"进行,[①]其重心在于考察劳动者运用知识进行操作的能力。人类生产与生活的经验表明,对于保障劳动者的职业安全而言,实践性的技能而非系统性的知识是最为重要的。《墨子·修身》有言:"士虽有学,而行为本焉。"因而,对于采用考试方式来考察申请人职业技能的,我们应当进一步寻求通过相关措施来确保劳动者具备必要的实践技能。

三、制度变革

围绕职业风险管制这一中心,职业资格许可在技能类条件

---

① 陈爽、冀国峰:《欧亚五国职业资格证书制度及对我们的启示》,载《职业技术教育》2001 年第 24 期。

的设定上应考虑做如下调整。

一是实施技能考察的主体应改由行业协会或学会等担当。对于某项职业到底需具备何种技能以及该职业的安全风险何在,唯有从事该职业的人才最为清楚。行政机关作为管理者,实际上很难掌握这些经验性的知识。从目前实践来看,虽然多数职业资格考试均由行政机关负责组织,但行政机关实际上并不具备命题和考察的能力。它只能借助于该领域内的专家或是行业协会、学会等的力量才能完成这些工作。既然如此,何不直接将这些技能考察授权给行业协会或学会来负责呢?目前,我国在有些领域已开始了这方面的尝试,例如注册会计师的考试就是由"中国注册会计师协会"来组织实施。今后这一模式应进一步推广。

二是对于采用考核方式来考察技能的,应将考前培训作为必经程序。关于考前培训是否必须,各类职业资格的规定很不一致。例如,《拍卖师执业资格制度暂行规定》(人发〔1996〕130号)第9条规定,申请参加拍卖师资格考试必须"通过由国内贸易部组织的拍卖专业人员培训"。然而多数情况下,职业资格的考试规则往往都规定不得组织强制性的考前培训,如《专利代理人资格考试实施办法》(国家知识产权局令第47号)第8条规定,"举办专利代理人资格考试培训班的,不得强制要求考试报名人员参加培训。"笔者认为,对于以考核方式进行技能考察的,恰恰应当组织考前培训,因为考核方式是以考察申请人的实践技能为中心,若不组织培训,其何来实践技能?但在考试方式下,因其以考察"知识"为中心,专门培训则并非不可或缺。当然,对于以考试方式实施的技能考察,如何确保从业者具有必需之实践技能,则需认真加以考虑。对此,下文将另行阐述。

三是在以考试方式来考察技能的项目中,应当在规定学历条件的同时限定专业条件。列入职业资格考试的事项均属技能性、专业性要求极强的工作。因此,若无专业限制,那么学历条件几乎是没有意义的。从某种意义上讲,对于职业资格中的技能考察而言,专业其实比学历更重要。一个特定专业的中专生,其对于该专业技能的把握肯定要超过其他专业的本科生甚至研究生。对此,实践中的规定却较为混乱。如《特种设备作业人员监督管理办法》(国家质检总局令第70号)第10条规定,申请"特种设备作业人员证"应具备"有与申请作业种类相适应的文化程度"。该规定仅要求申请人需具备语焉不详的"相适应的文化程度",且无明确的专业限制。如此宽泛的设定,几乎等同于"没有条件"的条件。

四是应当取消将"从业经历"作为报名条件的制度。在获取职业资格之前,劳动者不可能也不应被准许从事此项职业。故而,考前的所谓"从业经历"当然也就无从谈起。若其真有此经历,岂非违法?然而在前文所述的32项职业资格考试中,竟有25项要求报名应试者需具备特定工作经历或相关业务工作经历,实在令人费解。例如,《注册城市规划师执业资格制度暂行规定》(人发〔1999〕39号)第7条规定:"取得城市规划专业大专学历,并从事城市规划业务工作满6年。"既然报名者尚不具备职业资格,那他又如何能"从事城市规划业务工作满6年"?倘若此处的"从事城市规划业务"是指与此相关的工作,那何为"相关业务工作"?是否只要在某特定单位工作就是相关业务工作?"相关业务工作"的工作内容和工作时间如何证明?如何核实该证明真假？可以说，这一条件不仅不符合常理，亦无可靠之证明途径，是没有意义的。

第三节　品行类条件的设定

一、现状考察

除了技能类条件以外，众多的职业资格均将从业者的道德品质作为其能否获取职业资格的考察标准之一。但这种所谓的品行在具体表述上存在一些差异，除了"品行"一词外，常见的用词还包括思想品德、职业道德等。常见的规定方式包括以下几点。

一是在报名条件中规定了思想品德条件。例如，《教师资格条例》（国务院令第 188 号）第 15 条规定，申请教师资格应当提供其户籍所在地的街道办事处或工作单位等对其"思想品德"等方面的证明材料。《国家司法考试实施办法》（司发〔2008〕11号）第 15 条规定，申请参加司法考试的条件之一是"品行良好"。

二是在报名条件中规定了职业道德条件。例如《注册计量师制度暂行规定》（国人部发〔2006〕4 号）第 10 条规定，参加注册计量师资格考试的人员须"恪守职业道德"。类似规定还可见于注册测绘师、注册验船师、注册核安全工程师、注册土木工程师（岩土）的资格考试。

三是在注册（执业）登记程序中规定了职业道德条件。所谓注册程序，是指申请人在取得职业资格证书，受聘于用人单位后，须向政府主管部门或行业协会等办理注册登记方可正式执业。如《注册城市规划师执业资格制度暂行规定》(人发〔1999〕39号)第13条规定,申请注册人员须"恪守注册城市规划师职业道德"。其他如特种设备检验检测人员、执业药师等的注册条件中亦有类似规定。

二、条件的正当性分析

尽管我们都希望所有职业的从业者都具有良好的品行,但我们也不得不承认,品行恶劣者亦具有劳动与生存的权利。因而,现在的问题是,品行恶劣者是否应当被准许从事那些需以获取职业资格为前提的职业。

如前所述,职业资格制度的设立目的在于管制职业风险。考察前述40种职业资格,我们会发现其中的绝大多数均属于技能类职业。也就是说,这些职业的致害风险主要是来自从业者职业技能的不足,而与其道德水平并无必然联系。如注册土木工程师、注册验船师等。倘若从业者的道德水平低可能使这些职业的致害风险得以提高,那么他也可能给其他职业带来同样的威胁。因而,只有当个人品行与其所从事职业的致害风险存在直接且紧密的联系时,其作为职业资格许可的条件才具有正当性。

此外,当下实践中经常存在着将"道德"与"职业道德"混同的问题。正如有学者指出的那样,普通道德是所有社会成员应当遵循的共同道德,而职业道德是一种"角色道德"——附随于某种社会角色的特殊道德义务。[①] 它与劳动者的特定职业和社会角色是紧密联系在一起的。换言之,只有在劳动者已从事某种职业以后,才可能论及其"职业道德"问题。而上文述及的许多职业资格在其考试报名阶段或初次申请注册时即要求申请人"恪守职业道德",显然不符合逻辑。既然申请人尚未取得职业资格,或尚未开始执业,何来的职业道德? 若这仅代表申请人对未来的一种承诺,那么将此种人人皆可为的承诺作为"许可条件"又有何意义?

　　并且,即使在确需将个人品行(普通道德)作为报名条件或注册条件的许可中,亦应考虑到对于个人品行进行评价的具体标准问题。从某种意义上说,个人是否具有"良好品行"其实是无法正面证明的。例如在教师资格考试报名中,报名者被要求提供其所在街道办事处或工作单位等出具的对其思想品德的证明,那么该如何证明? 难道是一一列举其"好人好事"?"良好品行"的标准是什么? 这种不确定概念实际上已使该许可条件失去了其规范意义。

三、制度变革

　　基于上述分析,品行条件可从如下几个方面进行制度调整。

　　一是除了具有教化职责的少数职业以外,"普通道德"不应作为职业资格考试的报名条件或注册条件。对于绝大多数职业资格而言,从业者的道德水平与其职业风险并无正向的相关性。

[①]　戴维·鲁本:《律师与正义——一个伦理学的研究》,中国政法大学出版社2010 年版,第 105 页。

以一种道德上的优越感来排斥他人从事某项职业的权利本身是不道德的。在上述 40 项职业资格中,实际上也唯有教师资格这一项可考虑设定此条件。

二是职业道德应作为"延续(执业)许可"的条件,而不应作为资格考试的报名条件或初次注册之条件。只有劳动者已从事某职业之后,才可能有所谓的"职业道德"问题。并且,对于职业道德的评价应具有可操作的标准。目前最为可行的办法就是由各个行业(职业)协会来制定评价细则并由其统一记录。当然也应赋予从业人员对此提出异议和救济的权利。我国《护士条例》(国务院令第 517 号)第 11 条就规定了建立"护士执业良好记录和不良记录"的制度,却并未明确将此作为职业道德的评价标准。

三是从规定方式上来看,无论是"普通道德"还是职业道德,都应以"反向禁止"的方式列入禁止性条件中。因为无论是哪一种道德,都很难通过正面描述予以证明。从实践中此类证明的出具方式来看,证明机关也往往是先检索申请人有无明显的道德瑕疵,甚至仅凭个人印象即出具相应证明,随意性极强。因而,对于确需以个人品行作为申请条件的,可在禁止性条件中规定申请人不得有"严重违反社会公德的行为",这样更便于操作。

第四节　禁止类条件的设定

一、现状考察

我国绝大多数职业资格许可均有禁止类条件的设置。当申请人触及禁业条件的限制时,将丧失取得职业资格或申请执业的权利。从禁业限制的对象来看,其主要是针对严重的行政处罚和行政处分记录、犯罪记录等情形。其中,犯罪记录是最为普遍的禁业事项。在现有的 40 项职业资格中,共有 26 项职业资格将犯罪记录列为禁止事项(见表 4-2)。

对于涉及行政处罚或行政处分的禁业限制,各类职业资格的规定则比较一致,一般仅限于曾受到吊销职业资格处罚或行政撤职处分的严重情形。而对于将犯罪记录作为禁业事项的情形,其具体规定又相当复杂,主要存在四种情形。

一是仅将"故意犯罪受过刑事处罚"的人员列入限制范围,例如《拍卖师执业资格制度暂行规定》第 10 条第(三)项规定,"因故意犯罪受过刑事处罚者",不得申请参加拍卖师执业资格考试。其他如司法考试亦有类似限制。

二是将"故意犯罪受到有期徒刑以上刑事处罚"的人员列入限制对象,如《教师资格条例》第 9 条规定:"故意犯罪受到有期徒刑以上刑事处罚的,不能报名。"

三是按照刑罚是否执行完毕来确定,如《注册验船师制度暂行规定》第 25 条第(二)项规定"刑事处罚尚未执行完毕的",不予注册。

四是将禁业期限与其犯罪行为的内容相关联,如《注册测绘师制度暂行规定》第 23 条除了规定"刑事处罚尚未执行完毕"的人员不得注册外,还规定"因在测绘活动中受到刑事处罚,自刑事处罚执行完毕之日起至申请注册之日止不满 3 年的",不得注册。

表 4-2 以犯罪记录作为禁业事项的职业资格及其依据表

序号	职业资格名称	法律依据(含法律、法规、规章等)
专业技术人员类		
1	教师资格	《教师法》第 14 条《教师资格条例》第 5、19 条
2	注册消防工程师	未规定
3	法律职业资格	《国家司法考试实施办法》第 16 条
4	中国委托公证人资格(香港、澳门)	未规定
5	注册会计师	《注册会计师法》第 10 条、13 条
6	民用核安全设备无损检验人员资格	未规定
7	民用核设施操纵人员资格	未规定
8	注册核安全工程师	《注册核安全工程师执业资格制度暂行规定》(人发〔2002〕106 号)第 14 条
9	注册建筑师	《注册建筑师条例》第 13 条、18 条
10	监理工程师	《注册监理工程师管理规定》(建设部令 2006 年第 147 号)第 13 条、15 条
11	房地产估价师	《房地产估价师执业资格制度暂行规定》(建房〔1995〕147 号)第 19 条
12	造价工程师	《造价工程师执业资格制度暂行规定》(人发〔1996〕77 号)第 16 条
13	注册城乡规划师	《注册城乡规划师职业资格制度规定》(人社部规〔2017〕6 号)第 15 条
14	建造师	《建造师执业资格制度暂行规定》(人发〔2002〕111 号)第 18 条

续　表

序号	职业资格名称		法律依据(含法律、法规、规章等)
15	勘察设计注册工程师	注册土木工程师	《注册土木工程师(岩土)执业资格制度暂行规定》(人发〔2002〕35号)第14条
		注册结构工程师、注册化工工程师、注册电气工程师、注册公用设备工程师、注册环保工程师、注册石油天然气工程师、注册冶金工程师、注册采矿/矿物工程师、注册机械工程师	同类型(略)
16	注册验船师		《注册验船师制度暂行规定》(国人部发〔2006〕8号)第24、25条
17	船员资格(含船员、渔业船员)		未规定
18	兽医资格(含执业兽医、乡村兽医)		未规定
19	拍卖师		《拍卖师执业资格制度暂行规定》(人发〔1996〕130号)第10条
20	演出经纪人员资格		未规定
21	医生资格	医师	《执业医师法》第15条
		乡村医生	《乡村医生从业管理条例》(国务院令第386号)第14条
		人体器官移植医师	《执业医师法》第15条
22	护士执业资格		未规定
23	母婴保健技术服务人员资格		《执业医师法》第15条(母婴保健技术人员需取得医师资格)
24	出入境检疫处理人员资格		未规定
25	注册设备监理师		《注册设备监理师执业资格制度暂行规定》(国人部发〔2003〕40号)第18条

续　表

序号	职业资格名称	法律依据(含法律、法规、规章等)
26	注册计量师	《注册计量师制度暂行规定》(国人部发〔2006〕40号)第26条
27	广播电视播音员、主持人资格	《广播电视编辑记者、播音员主持人资格管理暂行规定》第9条
28	新闻记者职业资格	《新闻记者证管理办法》(新闻出版总署令2009年第44号)第10条
29	注册安全工程师	《注册安全工程师执业资格制度暂行规定》(人发〔2002〕87号)第20条
30	执业药师	《执业药师资格制度暂行规定》(人发〔1999〕34号)第17条
31	专利代理人	《专利代理人资格考试实施办法》(国家知识产权局令第47号)第7条
32	导游资格	《导游人员管理条例》(国务院令第263号)第5条
33	注册测绘师	《注册测绘师制度暂行规定》(国人部发〔2007〕14号)第23条
34	航空人员资格 — 航空安全员	《航空安全员合格审定规则》(中国民用航空总局令第184号)第11条
	航空人员资格 — 空勤人员、地面人员/民用航空器外国驾驶员、领航员、飞行机械员、飞行通信员/民用航空电信人员、航行情报人员、气象人员	同类型(略)
35	会计从业资格	(已被新的立法废止)
36	特种设备检验、检测人员资格认定	《特种设备检验检测人员执业注册管理办法》(质检特函〔2010〕24号)第10条
技能类		
1	消防设施操作员	未规定
2	焊工	未规定
3	家畜繁殖员	未规定
4	健身和娱乐场所服务人员	未规定
5	轨道交通运输服务人员	未规定

二、条件的正当性分析

总体上看,我国目前关于禁业限制的规定相当混乱,且缺少理论上的明确支撑。那么该如何评价禁业限制的正当性呢?笔者认为,应主要考察两个因素。

一是先前的不良记录是否可能提升从业者的致害风险。例如,一个有醉驾犯罪记录的人员,若想申请注册会计师资格,我们就没有任何理由予以禁止。因为此前的不良记录与其今后拟从事的职业之间,并不存在任何的风险关联。那种认为一个人只要有犯罪记录,就不应允许其获取任何职业资格的想法,是一种极为原始的"复仇"理念的膨胀。

二是特定职业所提供的便利条件是否可能诱发从业者再次实施不良行为。例如,一个注册会计师在从事会计业务时实施了犯罪行为,若其今后继续从事会计业务,我们就有理由怀疑其是否可能利用该职业提供的便利条件再次实施类似犯罪行为。

概言之,评价禁业限制的正当性,应当主要考虑不良记录与特定职业之间的风险关联性。凡无关联或关联程度极低的,那么这种限制就是不正当的。德国宪法法院在 1958 年药房案的判决中就认为,"在对职业选择自由之侵犯不可避免的情形下,立法者必须永远使用对宪法权利限制最小的控制手段",并应考虑其对于公益损害的迫切性。[①] 故而,"禁止不当联结"应当成为评判禁止类条件是否具有正当性的一项基本原则。

---

① 徐继强:《德国宪法实践中的比例原则——兼论德国宪法在法秩序中的地位》,载崇德、韩大元主编:《中国宪法年刊》(2010),法律出版社 2011 年版。

三、制度变革

从我国目前各类职业资格所设定的禁业限制来看,多数均未考虑禁业条件与职业风险之间的相关性,而只是"照例"予以限制。若以"禁止不当联结"作为考量原则,那么禁止类条件的设定应从如下几个方面进行调整。

一是禁业限制的对象。在当下的职业资格许可中,普遍将具有犯罪记录的人员列入禁业限制的对象。但是,下列情形不应列入禁业范围:初次申请职业资格前的各种犯罪记录;获得职业资格后实施的与该职业资格无关的犯罪行为;过失犯罪行为;依法封存的犯罪记录。这些犯罪记录与从业者获取职业资格的行为均无关联性(如前两项)或不应考虑其关联性(如后两项),因而将它们列入禁业限制的范围是没有必要的。也就是说,此类情形下的管制本身并不能带来管制的收益。而对于其他犯罪记录,一旦列入禁业限制范围,那么其罪名应当特定、明确。

二是关于禁业期限的设定。对于确需设立禁业限制的资格类处罚,应由法律明确规定其禁业期限。期限届满时,被禁业者可重新申请职业许可。对于禁业期限的时间,有观点认为"应区别违法程度、对社会公共利益造成的影响程度、改正可能性等不同情形"来确定之。[1]

三是关于终身禁业的妥当性问题。"终身禁止"类的资格处罚,包括禁止参加资格考试或禁止注册的规定,在实践中较为常见。关于终身禁业的妥当性及其适用条件问题,下文将另行分析。

---

[1]　李洋:《"终身禁止"类行政处罚研究》,苏州大学 2014 年硕士学位论文。

第五章　职业资格许可的设定

第一节　职业资格许可的设定依据

一、现行立法的要求

行政许可的设定是指有关法律、法规和规章对许可事项做出创设性的规定。也就是在其他法律规范未作规定时，某项法律规范对此做出初次的规定。它有别于上位法已作规定时，下位法对其所做的细则性的规定。[①]

根据我国《行政许可法》的规定，有权设定行政许可的文件包括法律、行政法规、国务院的决定、地方性法规、省级政府规章。但需要特别注意的是，《行政许可法》第 15 条第(二)款明确规定："地方性法规和省、自治区、直辖市人民政府规章，不得设定应当由国家统一确定的公民、法人或者其他组织的资格、资质的行政许可。"由此可见，若严格按照《行政许可法》的规定，能够设定行政许可的法律依据仅限于法律、行政法规、国务院决定等 3 种。

国务院办公厅的"国办发〔2007〕73 号"文件也规定："凡是

---

① 参见胡建淼：《行政法学》，法律出版社 2010 年版，第 255 页。

依据有关法律、行政法规或国务院决定设置的行政许可类职业资格,予以保留并向社会公布;除此以外的其他各种行政许可类职业资格予以取消,如确有必要保留,由国务院人事、劳动保障部门会同有关部门统筹研究,按程序通过修改相关法律、行政法规或形成国务院决定予以解决,或调整为非行政许可类职业资格。"

鉴于此,我们不妨来考察一下当前各种职业资格许可的立法依据,并具体鉴别一下相关立法在设定职业资格许可时所创设的具体内容,以便对照现行的立法对此予以完善。

二、当前立法的梳理

根据统计,在 42 项职业资格中①,以法律作为依据的有 26 项,以行政法规作为依据的有 11 项,以国务院决定作为依据的有 5 项。(见表 5—1)

表 5—1　各类职业资格(准入类)的法律依据统计表

以法律作为依据(共 26 项)			
序号	职业资格名称	实施部门(单位)	资格类别	设定依据
1	教师资格	教育部	准入类	《中华人民共和国教师法》
2	注册消防工程师	公安部、人力资源社会保障部	准入类	《中华人民共和国消防法》

---

　　①　人社部 2017 年 10 月 24 日发布的职业资格种类中,准入类的共 41 项,因会计从业资格已被废止,故实际为 40 项。但因部分职业资格含有子项,故本表在统计时,若不同子项分别以不同位阶的法律规范作为依据,则在统计时将其拆分。据此统计,本表中共有 42 项职业资格。

续　表

序号	职业资格名称		实施部门(单位)	资格类别	设定依据
3	法律职业资格		司法部	准入类	《中华人民共和国律师法》、《中华人民共和国法官法》、《中华人民共和国检察官法》、《中华人民共和国公证法》
4	注册核安全工程师		环境保护部、人力资源社会保障部	准入类	《中华人民共和国放射性污染防治法》
5	注册会计师		财政部	准入类	《中华人民共和国注册会计师法》
6	房地产估价师		住房城乡建设部、国土资源部、人力资源社会保障部	准入类	《中华人民共和国城市房地产管理法》
7	造价工程师		住房城乡建设部、交通运输部、水利部、人力资源社会保障部	准入类	《中华人民共和国建筑法》
8	注册城乡规划师		住房城乡建设部、人力资源社会保障部、中国城市规划协会	准入类	《中华人民共和国城乡规划法》
9	建造师		住房城乡建设部、人力资源社会保障部	准入类	《中华人民共和国建筑法》
10	勘察设计注册工程师	注册结构工程师	住房城乡建设部、人力资源社会保障部		
		注册土木工程师	住房城乡建设部、交通运输部、水利部、人力资源社会保障部		

续　表

序号	职业资格名称		实施部门(单位)	资格类别	设定依据
10	勘察设计注册工程师	注册化工工程师	住房城乡建设部、人力资源社会保障部	准入类	《中华人民共和国建筑法》
		注册电气工程师			
		注册公用设备工程师			
		注册环保工程师	住房城乡建设部、环境保护部、人力资源社会保障部		
		注册石油天然气工程师	住房城乡建设部、人力资源社会保障部		
		注册冶金工程师	住房城乡建设部、人力资源社会保障部		
		注册采矿/矿物工程师			
		注册机械工程师			
11	船员资格（含船员、渔业船员）		交通运输部、农业部	准入类	《中华人民共和国海上交通安全法》
12	兽医资格	执业兽医	农业部	准入类	《中华人民共和国动物防疫法》
		乡村兽医			
13	拍卖师		中国拍卖行业协会	准入类	《中华人民共和国拍卖法》
14	医生资格	医师	国家卫生计生委	准入类	《中华人民共和国执业医师法》
		人体器官移植医师			
15	母婴保健技术服务人员资格		国家卫生计生委	准入类	《中华人民共和国母婴保健法》

续　表

序号	职业资格名称		实施部门(单位)	资格类别	设定依据
16	注册计量师		质检总局、人力资源社会保障部	准入类	《中华人民共和国计量法》
17	注册安全工程师		安全监管总局、人力资源社会保障部	准入类	《中华人民共和国安全生产法》
18	执业药师		食品药品监管总局、人力资源社会保障部	准入类	《中华人民共和国药品管理法》
19	导游资格		国家旅游局	准入类	《中华人民共和国旅游法》
20	注册测绘师		国家测绘地信局、人力资源社会保障部	准入类	《中华人民共和国测绘法》
21	航空人员资格	空勤人员、地面人员	中国民航局	准入类	《中华人民共和国民用航空法》
22	会计从业资格		财政部	准入类	《中华人民共和国会计法》(2017 年 11 月 4 日修改后取消)
23	特种设备检验、检测人员资格认定		质检总局	准入类	《中华人民共和国特种设备安全法》
24	消防设施操作员		消防行业技能鉴定机构	准入类	《中华人民共和国消防法》
25	焊工		人社部门技能鉴定机构	准入类	《中华人民共和国消防法》
26	家畜繁殖员		农业行业技能鉴定机构	准入类	《中华人民共和国畜牧法》

序号	职业资格名称	实施部门(单位)	资格类别	设定依据
以行政法规作为依据(共 11 项)				
27	民用核安全设备无损检验人员资格	环境保护部	准入类	《民用核安全设备监督管理条例》(国务院令第500号)
28	民用核设施操纵人员资格	环境保护部、国家能源局	准入类	《中华人民共和国民用核设施安全监督管理条例》
29	注册验船师	交通运输部、农业部、人力资源社会保障部	准入类	《中华人民共和国船舶和海上设施检验条例》(国务院令第109号)《中华人民共和国渔业船舶检验条例》(国务院令第383号)
30	乡村医生	国家卫生计生委	准入类	《乡村医生从业管理条例》(国务院令第386号)
31	演出经纪人员资格	文化部	准入类	《国务院关于修改〈营业性演出管理条例〉的决定》(国务院令第528号)
32	护士执业资格	国家卫生计生委、人力资源社会保障部	准入类	《护士条例》(国务院令第517号)
33	出入境检疫处理人员资格	质检总局	准入类	《中华人民共和国进出境动植物检疫法实施条例》(国务院令第206号)
34	专利代理人	国家知识产权局	准入类	《专利代理条例》(国务院令第76号)

续　表

序号	职业资格名称		实施部门(单位)	资格类别	设定依据
35	健身和娱乐场所服务人员	游泳救生员	体育行业技能鉴定机构	准入类	《全民健身条例》(国务院令第 560 号公布,国务院令第 638 号、第 666 号修订)
		社会体育指导员(游泳、滑雪、潜水、攀岩)			
36	轨道交通运输服务人员	轨道列车司机	交通运输行业技能鉴定机构	准入类	《铁路安全管理条例》(国务院令第 639 号)
		国家铁路局(铁路机车车辆驾驶人员)			
37	焊工(民用核安全设备焊工、焊接操作工)		环境保护部(民用核安全设备焊工、焊接操作工)	准入类	《民用核安全设备监督管理条例》(国务院令第 500 号)
以国务院决定作为依据(共 5 项)					
38	中国委托公证人资格(香港、澳门)		司法部	准入类	《国务院对确需保留的行政审批项目设定行政许可的决定》(国务院令第 412 号)
39	注册设备监理师		质检总局、人力资源社会保障部	准入类	《国务院对确需保留的行政审批项目设定行政许可的决定》(国务院令第 412 号)

续　表

序号	职业资格名称	实施部门(单位)	资格类别	设定依据
40	广播电视播音员、主持人资格	新闻出版广电总局	准入类	《国务院对确需保留的行政审批项目设定行政许可的决定》(国务院令第412号)
41	新闻记者职业资格	新闻出版广电总局	准入类	《国务院对确需保留的行政审批项目设定行政许可的决定》(国务院令第412号)
42	民用航空人员 / 民用航空器外国驾驶员、领航员、飞行机械员、飞行通信员	中国民航局	准入类	《国务院对确需保留的行政审批项目设定行政许可的决定》(国务院令第412号)
	航空安全员	中国民航局	准入类	
	民用航空电信人员、航行情报人员、气象人员	中国民航局	准入类	

三、设定方式之完善

根据上表统计,我们会自然地发现,在42项职业资格中,以"国务院决定"作为依据的共有5项。而这个国务院决定,实际上只有一个,即2004年6月29日公布的《国务院对确需保留的行政审批项目设定行政许可的决定》(国务院令第412号)。实际上,国务院的这个决定一共设立了 500 项行政许可,其目的是使我国此前大量存在的行政许可事项在《行政许可法》于 2004 年实施以后仍然能够获得合法性。

可见,上述"国务院决定"这一立法方式带有明显的"事后立法、临时立法"以及"批发式立法"的特征。这样的立法,必然会导致相关的许可事项在内容设定上的不全面,甚至是仅有许可项目,却无实施主体、许可条件、实施程序等规定,使得行政许可的设定"有名无实"。

我国《行政许可法》第 14 条第(二)款规定:"必要时,国务院可以采用发布决定的方式设定行政许可。实施后,除临时性行政许可事项外,国务院应当及时提请全国人民代表大会及其常务委员会制定法律,或者自行制定行政法规。"鉴于"国务院决定"所存在的上述弊端以及《行政许可法》的明确要求,国务院应当尽快对上述职业资格事项提请全国人大或其常委会制定法律或自行制定行政法规。

第二节　职业资格许可的设定内容

我国《行政许可法》第 18 条规定:"设定行政许可,应当规定行政许可的实施机关、条件、程序、期限。"根据这一规定,当法律、行政法规或国务院的决定在创设某项职业资格时,应当同时对该项职业资格的实施机关、条件、程序和期限这"四项内容"同时做出规定。并且,《行政许可法》第 16 条第(四)款还规定:"法规、规章对实施上位法设定的行政许可做出的具体规定,不得增设行政许可;对行政许可条件做出的具体规定,不得增设违反上位法的其他条件。"也就是说,下位法在对已设定的资格许可做出具体规定时,不得增设行政许可的种类及许可条件。

一、现状考察:职业资格许可的设定内容

但是,根据对现行相关法律规范的梳理,我们发现,就目前相关法律规范的内容而言,我国职业资格许可的设定还存在着诸多不符合《行政许可法》中上述要求的内容。我们以法律设定的 26 项职业资格为例(因《会计法》已于 2017 年 11 月 4 日修改,会计从业资格被取消,故该项职业资格未统计在内),各个法律在设定职业资格许可的具体内容时,存在着如下几种模式。

(一)仅有资格种类,而无"四项内容"规定

据统计,相关法律在设定以下几种职业资格时,仅设定了职业资格的种类,但并未对"实施机关、条件、程序、期限"这四项内容做出规定。

1.注册消防工程师

《消防法》第 34 条:"消防产品质量认证、消防设施检测、消防安全监测等消防技术服务机构和执业人员,应当依法获得相应的资质、资格。"该法未对该项职业资格的其他内容做出规定。

2.法律职业资格

《律师法》第 5 条第(二)项规定,申请律师执业,应当具有"通过国家统一法律职业资格考试取得法律职业资格"。《法官法》第 12 条规定:"初任法官采用考试、考核的办法,按照德才兼备的标准,从通过国家统一法律职业资格考试取得法律职业资格并且具备法官条件的人员中择优提出人选。"这两部法律分别对律师执业及担任法官须获得"法律职业资格"做了规定,但是

对于法律职业资格本身的实施机关、条件和程序等均只字未提。《检察官法》与《公证法》的规定亦与此类似。

3. 注册核安全工程师

《放射性污染防治法》第 14 条："国家对从事放射性污染防治的专业人员实行资格管理制度。"除此之外并无关于该项职业资格的任何规定。

4. 房地产估价师

《城市房地产管理法》第 59 条："国家实行房地产价格评估人员资格认证制度。"除此之外，该法无其他关于房地产估价师的内容规定。

5. 造价工程师、建造师、勘察设计注册工程师(含 10 个子项)

《建筑法》第 14 条："从事建筑活动的专业技术人员，应当依法取得相应的执业资格证书，并在执业资格证书许可的范围内从事建筑活动。"本条中，"专业技术人员"的表述过于笼统，其本身的范围亦不够明确。因此，实践中衍生出了建筑系统的 12 种职业资格的类型。但是法律对这些职业资格的条件等内容均未明确设定。

6. 船员资格

《海上交通安全法》第 7 条："船长、轮机长、驾驶员、轮机员、无线电报务员话务员以及水上飞机、潜水器的相应人员，必须持有合格的职务证书。"除此之外，对该项职务证书并无其他规定。

7. 母婴保健技术服务人员资格

《母婴保健法》第 33 条："从事本法规定的遗传病诊断、产前诊断的人员，必须经过省、自治区、直辖市人民政府卫生行政部门的考核，并取得相应的合格证书。""从事本法规定的婚前医学检查、施行结扎手术和终止妊娠手术的人员,必须经过县级以上地方人民政府卫生行政部门的考核,并取得相应的合格证书。"但无关乎证书如何实施的具体规定。

8. 注册计量师

《计量法》第 20 条规定执行检定、测试任务的人员,必须经考核合格。该法无任何其他关于"注册计量师"资格规定的内容。

9. 执业药师

《药品管理法》第 22 条:"医疗机构必须配备依法经过资格认定的药学技术人员。非药学技术人员不得直接从事药剂技术工作。"除此无该项资格的其他规定。

10. 导游资格

《旅游法》第 37 条:"参加导游资格考试成绩合格,与旅行社订立劳动合同或者在相关旅游行业组织注册的人员,可以申请取得导游证。"除此之外,无该项资格的其他规定。

11. 航空人员

《民用航空法》第 40 条:"航空人员应当接受专门训练,经考核合格,取得国务院民用航空主管部门颁发的执照,方可担任其执照载明的工作。"该法无考核条件等内容规定。

12. 特种设备检验检测人员资格

《特种设备安全法》第 14 条:"特种设备安全管理人员、检测人员和作业人员应当按照国家有关规定取得相应资格,方可从事相关工作。"第 51 条:"特种设备检验、检测机构的检验、检测人员应当经考核,取得检验、检测人员资格,方可从事检验、检测工作。"该法未对资格条件等内容做出规定。

13. 焊工、消防设施操作员

《消防法》第 21 条:"进行电焊、气焊等具有火灾危险作业的人员和自动消防系统的操作人员,必须持证上岗,并遵守消防安全操作规程。"该法未规定资格证的实施条件等内容。

14. 家畜繁殖员

《畜牧法》第 27 条:"专门从事家畜人工授精、胚胎移植等繁殖工作的人员,应当取得相应的国家职业资格证书。"该法同样未规定"四项内容"。

(二)规定了实施机关和许可条件,但未规定许可程序和期限

有些立法对职业资格的实施机关和许可条件做了规定,却未对许可程序和期限做出规定。

1. 教师资格

《教师法》第 10 条规定了教师资格的许可条件:"中国公民凡遵守宪法和法律,热爱教育事业,具有良好的思想品德,具备本法规定的学历或者经国家教师资格考试合格,有教育教学能力,经认定合格的,可以取得教师资格。"同时,该法第 13 条分别规定了中小学、中等专业学校和技工学校、普通高等学校的教师资格认定主体。但是,该法未规定认定教师资格的程序和期限。

2. 执业兽医

《动物防疫法》第 54 条:"国家实行执业兽医资格考试制度。具有兽医相关专业大学专科以上学历的,可以申请参加执业兽医资格考试。""执业兽医资格考试和注册办法由国务院兽医主管部门商国务院人事行政部门制定。"

3. 拍卖师

《拍卖法》第 15 条规定拍卖师应当具有高等院校专科以上

学历和拍卖专业知识;在拍卖企业工作2年以上;品行良好。第16条规定了拍卖师资格考核由拍卖行业协会统一组织。

(三)授权其他法律规范制定实施细则

1.城乡规划师

《城乡规划法》第24条第3款:"规划师执业资格管理办法,由国务院城乡规划主管部门会同国务院人事行政部门制定。"该法对于城乡规划师资格的授予条件等内容并无规定。

2.乡村兽医

《动物防疫法》第57条:"乡村兽医服务人员可以在乡村从事动物诊疗服务活动,具体管理办法由国务院兽医主管部门制定。"

3.注册安全工程师

《安全生产法》第24条第3款:"危险物品的生产、储存单位以及矿山、金属冶炼单位应当有注册安全工程师从事安全生产管理工作。……注册安全工程师按专业分类管理,具体办法由国务院人力资源和社会保障部门、国务院安全生产监督管理部门会同国务院有关部门制定。"

4.注册测绘师

《测绘法》第30条:"从事测绘活动的专业技术人员应当具备相应的执业资格条件。具体办法由国务院测绘地理信息主管部门会同国务院人力资源社会保障主管部门规定。"

(四)完整设定资格许可的相关内容

1.注册会计师

《注册会计师法》第7条规定"注册会计师全国统一考试由

中国注册会计师协会组织实施"。第8条规定"具有高等专科以上学校毕业的学历,或者具有会计或者相关专业中级以上技术职称的中国公民,可以申请参加注册会计师全国统一考试;具有会计或者相关专业高级技术职称的人员,可以免于部分科目的考试"。此外该法第9条和11条还规定了申请注册的程序以及注册会计师协会做出不予注册决定的期限问题。

2. 医师资格

《执业医师法》第8条规定医师资格考试由省级以上人民政府卫生行政部门组织实施,第9条规定了考试的资格条件,第13条、20条规定了执业医师注册的程序和期限,内容较为全面。[①]

二、总体评价

根据以上的统计可知,在26项由法律设定的职业资格许可中,完整规定了职业资格许可的"实施机关、条件、程序、期限"的仅有2项,即注册会计师和医师资格。而仅设定了职业资格的名称(种类),却无许可条件等实质性规定的则有17项,占了将近2/3。

而在另外5项由"国务院决定"[《国务院对确需保留的行政审批项目设定行政许可的决定》(国务院令第412号)]设定的职业资格中,也都仅指明了职业资格的名称,却无该项职业资格的许可条件等内容的规定。因此我们可以获得结论:在当下的职

---

① 人社部于2017年10月公布的清单中,同时也将《执业医师法》作为人体器官移植医师的设定依据,但该法中其实并未明确涉及此种特殊医师资格的规定。

业资格许可,法律、法规以及国务院的决定在设定职业资格时,绝大多数情况下都未遵守我国《行政许可法》第 18 条的规定,即"设定行政许可,应当规定行政许可的实施机关、条件、程序、期限"。

究其原因,大体上来自三个方面。一是《行政许可法》与其他法律属于同一位阶,难以对其他法律的内容产生直接的约束力。即使是对于行政法规中设定的职业资格,若其设定的内容并不完整,便会使得其与《行政许可法》第 18 条相抵触,这种立法上的"不作为"在当下并无有效的解决途径。

二是立法简洁性的要求。如果在某个立法中但凡是设定了一项职业资格,都需要规定其相应的条件、程序、期限等内容,常常使法律条文本身变得冗长或拖泥带水。故而许多立法对此仅"一笔带过"。

三是立法机关在制定法律时,常常抱持着下位法能"自行细化"上位法的期待。根据我国的立法体制,立法机关会想当然地认为:行政法规或规章等将来会对法律的内容进行具体细化,法律只需先行"创设"一项职业资格并赋予其合法性即可。但是,我国《行政许可法》第 16 条规定:法规、规章对行政许可条件做出的具体规定,不得增设违反上位法的其他条件。而倘若上位法并无许可条件的任何规定,那下位法能否对许可条件做出规定呢?笔者认为,若上位法对下位法并未有明确的授权,下位法是不可以"僭越"上位法的权限来对此做出设定的。

三、未来的变革方向

鉴于当下的实践与我国《行政许可法》第 16 条、第 18 条存在普遍的不一致的情况,因此如何处理当下的冲突就成为一个问题。笔者认为,可以按如下方案解决实践中的问题。

许可程序(包括期限)可由《行政许可法》做出统一规定,但特别法可对程序做出例外规定。实际上,目前我国《行政许可法》对许可的程序和期限都已做出明确规定,在此情形下,要求法律法规在设定职业资格许可时的同时对此做出规定,实乃多余。因此,应当修改《行政许可法》第18条的规定,删除其中关于要求设定"程序、期限"的强制性要求,除非特别法对于程序和期限有另外的要求。

实施机关和许可条件应由特别法在设定时做出明确规定。有遗漏时,立法机关或其上级机关应予以纠正。对于任何一项职业资格而言,谁来实施该项许可以及何种情况下申请人可以获得许可,都是两个最为重要的问题。这是"设定行政许可"的题中之意。因而,我国当下多数的职业资格许可在设定时并未对其中最为重要的"许可条件"做出规定,是极为不妥的,也明显违背了《行政许可法》第18条的规定。

上位法可以授权下位法规定实施机关和许可条件,但下位法在未获得授权时,不得自行设定实施机关和许可条件。这主要是为了维护职业资格许可在设定"实施机关"和"许可条件"时的严肃性。鉴于这两个问题关系到行政机关的职责分工和申请人是否能够实际获得许可,因而一般情况下不应由其他机关来主导决定。除非有上位法的特别授权,否则下位法不应直接代行上位法的"专属权力"。

第三节　职业资格许可的设定程序

一、设定程序之现行规定

尽管职业资格许可的设定范围在理论上存在着较为明确的标准，但是鉴于这些标准往往由一些不确定的概念所构成，因此最终确定是否需要设立职业资格许可仍然需要借助于严格的程序控制。尤其是对于其设立必要性的评估，必须构建一个强制性的、有第三方和公众的有效参与、公开透明的程序阶段。

我国《行政许可法》第 19 条、20 条对于行政许可（不限于职业资格许可）的设立程序规定了如下几方面的要求。

（一）起草单位听取意见程序。拟设定行政许可的，起草单位应当采取听证会、论证会等形式听取意见，并向制定机关说明听取和采纳意见的情况。

（二）设定必要性的说明。起草单位应向制定机关说明设定该行政许可的必要性、对经济和社会可能产生的影响。

（三）定期评价。设定机关应当定期对其设定的行政许可进行评价。无继续设定之必要的，应当对相关规定及时修改或废止。

（四）公民意见和建议。公众可以向设定机关和实施机关就设定问题提出意见和建议。

从实施或成效来看，上述规定拟需要进一步完善。

二、设定程序之实践运作

　　尽管我国法律对行政许可的设定规定了明确的程序要求，但实践中却极少出现起草部门专门就职业资格设定问题向立法机关做出说明的。在多数法律中，职业资格只是法律条文中的一两个条款，起草机关就"立法必要性"的说明往往是针对所有条文中的一些主要条款。职业资格设定的必要性问题并非一项"非说不可"的事项。甚至在某些情况下，起草机关会有意或无意地"忽略"此类设定事项的说明，否则其相关立法内容可能会引起立法机关的过多关注，进而可能直接导致该项职业资格的设定被立法机关取消。

　　例如，我国《城乡规划法》第 24 条规定，"规划师执业资格管理办法，由国务院城乡规划主管部门会同国务院人事行政部门制定"。但是，建设部部长汪光焘于 2007 年 4 月 24 日在第十届全国人大常委会第 27 次会议中所做的《关于〈中华人民共和国城乡规划法（草案）〉的说明》中，分别阐述了"关于本法的适用范围、关于城乡规划与其他规划的关系、关于城乡规划的制定、关于城乡规划的实施、关于乡村规划"五个方面的内容，却没有一处提及关于"注册城乡规划师的资格设定问题"。该起草说明中既未提及"规划师"一词，也未提及"资格"一词。应当说，这样的现象并非个例。

　　再如，2017 年公布的《中华人民共和国药师法（草案征求意见稿）》在其起草说明中提及："明确药师的准入条件和准入方式。按照'老人老办法、新人新政策'的原则，对药师准入进行了规定。对于法律颁布后的'新人'，《药师法》规定药学及相关专业毕业生,应当按照规定通过药师资格考试,经卫生计生行政部门审核注册后,方可执业。"①可以看出,上述起草说明实际上并未就设立"药师资格"的必要性进行介绍,而只是说"新人"应当取得药师资格。

此外,关于职业资格许可设定中的定期评价及公众参与问题,实践中也并未见到有效的制度约束。以国务院和人社部于2007年开始实施的职业资格清理为例,此种"清理"理论上也可被归属于"定期评价"制度的一部分。但是,这场清理运动基本上是在"大众创新、放松管制"口号下进行的一场自上而下的自我革命。从2007年至2017年,职业资格的清理历经整整十年时间。在这十年里,我们从未看到哪一个部门发布通告来征求公众的意见,而只是在相关政府部门清理完毕后,才由国务院或人社部发布一个通告,告知人们哪些职业资格已经被"取消"了。在这一过程中,社会公众包括一些涉及职业资格的利害关系人(如已经取得职业资格的人员或是一些行业协会等),他们只是被动地接受一个取消某项职业资格的"决定",却无从参与,或者即使参与了这一过程,也无从看到主管部门对其意见是否采纳的理由说明。

例如,关于"会计从业资格",因《会计法》2017年11月4日修改后被废止。然而有些从业人员此前刚刚通过了该项资格考试,却没想到该项职业资格被直接取消了。更有甚者,据媒体报道,武汉某大三男生2015年参加会计从业资格考试,因三门课

---

① 资料来源于江西省卫生和计划生育委员会2017年5月18日在其网站上公布的征求意见通知,网址为 http://www.jxwst.gov.cn/doc/2017/05/18/104459.shtml。

程中有一门没通过,离及格线差了 6 分而跳楼身亡。据报道,这已是他第四次考会计从业资格证了。① 由此可以看到,法定的"听取意见"的程序基本上都处于被虚置状态,公众并无有效的途径参与到立法决策之中。职业资格的"立"与"废"因而也不具有可预期性。

三、设定程序之变革

(一)专项报告制度

职业资格的设立涉及公民的职业自由,同时又涉及公共安全等事项。根据《行政许可法》的规定,起草单位向立法机关说明设立的必要性是一项强制性的义务。在设立必要性的说明中,起草单位尤其应当说明是否有其他可替代性的管制手段来达到同样的管制目的。职业资格作为一项高强度的管制手段,其设立以后产生的涉及面广,受影响人群众多。相关从业人员需要投入大量的时间与精力备考,且容易滋生利益群体,因而应当谨慎设立。

行政许可与行政处罚分别属于典型的授益性行政行为与负担性行政行为,这两种行政行为对行政相对人的权益影响最大。但在立法实践中,起草单位对于行政处罚的设定,往往都会在起草说明中特别指出其必要性。然而对于行政许可尤其是资格许可的设定,惯常的做法却是有意或无意地忽略。因而,对于职业资格许可的设定,立法应进一步明确起草单位必须就此提交专项报告,以防止起草单位规避相关论证程序。

---

① 资料来源于 http://news. sohu. com/20151216/n431469462. shtml。

(二)应当定向征求行业协会与相关专家的意见

几乎每一项职业资格都有相关的行业协会存在。实际上,在某项准入性的职业资格存在之前,其往往早已作为职业水平评价制度存在多年。许多准入性的职业资格的设定往往也是相关行业协会直接推动的结果。因此,行业协会对相关群体的利益与主张无比熟悉。立法机关在设定某项职业资格时,听取相关行业协会的意见,这当然是必要的。但与此同时,同样应当有相关的反对方或持中立立场的参与人参与到决策的过程中。鉴于社会公众通常很难形成较为一致的意见,因而立法机关听取相关专家的意见应当成为一个平衡性的选择。我国人大常委会及相关专门机构的组成人员中,实际上也不乏相关的专家。但是,国家机构中的组成人员往往容易受到该机构的组织关系的影响。鉴于此,立法机关应当尽量从科研院所、高等院校等机构中选取相关的专家,通过召开立法听证会的形式专门听取他们的意见。就目前来看,我国的立法实践尚未对此有较好的制度设计。

(三)职业资格清理应由立法机关主导并由行政机关配合

《行政许可法》规定行政许可的设定机关应当定期对行政许可进行清理。按照设定权限,职业资格许可的设定机关多数都是立法机关。① 但在实践中,立法机关往往更愿意把这项工作交给相关行政机关(行政许可的实施机关)来完成。例如,2007—2017 年这十年间的职业资格清理工作,实际上就是由人

---

① 省级政府规章可以设定为期一年的临时性行政许可,期满后应提请制定地方性法规。在此情形下,省级政府也可以成为"设定机关",但省级政府规章无权设定资格许可。

社部牵头完成的。但无论是立法机关还是行政机关,其承担此项工作的积极性都明显不足。究其原因,主要有以下几点。

一是立法机关的人员配备不足。承担此项工作的往往是立法机关的法制工作机构,其人员配备数量有限。有限的工作人员根本难以承担对各种许可事项的定期评价与清理工作。

二是立法机关并不掌握相关行政许可在实践中的运作情况。行政许可实施后,最清楚了解其运作情况的是实施该项行政许可的行政机关。因此,立法机关只有在行政机关的配合下才可能知悉相关情况。

三是行政机关缺少对许可事项进行清理的动力。如果不是出于法律、法规强制性的要求,出于自身利益的考虑,行政机关通常不愿意对许可事项进行清理。行政许可项目实施一段时间后,行政机关已为此配备了相应的人员、设施与设备。如果某项职业资格经评价后需要被取消,对于行政机关而言涉及其职能的变革,这种变革又往往会导致其人员与机构的撤并。因此几乎没有行政机关会主动展开此项工作。鉴于此,行政机关即使被强制要求进行定期评价,这种评价的科学性、客观性也是值得怀疑的。

基于上述理由,职业资格许可的定期评价制度,首先应当确定一个明确的期限,例如,设定一个每五年进行一次评价的制度。否则,制度就会形同虚设。其次,应当由立法机关主导,行政机关提交评价报告,并引入专家与公众参与评价的制度。从某种意义上,资格许可的定期评价制度应当参照原有的设定程序进行处理。在评价时,行政机关应当对继续设定该项许可的必要性做出说明。需要取消的,亦应当提供论证意见。

第六章 职业资格与执业资格的分离与衔接

第一节 不同模式的职业资格许可

一、单证模式与双证模式

我国目前的职业资格中,实际上存在着两类模式的资格许可:单证模式与双证模式,其中单证模式又可细分为三种类型,具体而言有如下几种形态。

一是单一职业资格证模式。即申请人仅需通过职业资格考试获得职业资格证书,即可从事相应行为,无须另行经过注册程序。在这种模式下,职业资格证书是唯一的行政许可证书。采用这一模式的有民用核安全设备无损检验人员、民用核设施操纵人员、专利代理人等。

二是单一注册证书模式。申请人参加职业资格考试成绩合格,并经注册后取得执业证书或其他资格证书的模式。例如注册会计师①、注册建筑师②等。

三是职业资格证附加注册备注模式。申请人参加职业资格考试成绩合格后,取得职业资格证书。职业资格证书经过注册登记并在证书中载明注册情况后(不另发执业证书或注册证书),申请人方可从事相应职业。例如教师资格③、中国委托公证人④、执业医师资格⑤等。

四是双证模式。在此种模式下,从业者需首先通过职业资格考试获得职业资格证书,再经行政机关的注册登记并获得执业证书后,方能从事相应的行为。例如,法律职业资格证、注册

---

　　①　《中华人民共和国注册会计师法》第9条:"参加注册会计师全国统一考试成绩合格,并从事审计业务工作两年以上的,可以向省、自治区、直辖市注册会计师协会申请注册。"

　　②　《中华人民共和国注册建筑师条例》第11条:"注册建筑师考试合格,取得相应的注册建筑师资格的,可以申请注册。"第16条:"准予注册的申请人,分别由全国注册建筑师管理委员会和省、自治区、直辖市注册建筑师管理委员会核发由国务院建设行政主管部门统一制作的一级注册建筑师证书或者二级注册建筑师证书。"

　　③　教育部《中小学教师资格定期注册暂行办法》(教师〔2013〕9号)第19条规定:"县级以上教育行政部门将申请人的《教师资格注册申请表》一份存入个人人事档案,一份归档保存。同时在申请人"教师资格证书"附页上标明注册结论。"

　　④　《中国委托公证人(香港)管理办法》第11条:"司法部每三年举行一次委托公证人考试。……通过考试的人员由司法部进行考核。考核合格者,由司法部颁发委托书并予以首次注册。"

　　⑤　《中华人民共和国执业医师法》第12条:"医师资格考试成绩合格,取得执业医师资格或者执业助理医师资格。"第13条:"国家实行医师执业注册制度。取得医师资格的,可以向所在地县级以上人民政府卫生行政部门申请注册。"

消防工程师①、注册核安全工程师②、注册监理工程师、房地产估价师③等。在采用双证模式下,"执业证"是以"职业资格证"的存在为前提的。仅有职业资格证而未取得执业证的,仍不得从事该职业。从法理上来看,前者相当于赋予了持有人一种"权利能力",后者则是赋予其一种"行为能力"。

二、双证模式下职业资格证书的性质

在双证模式下,会产生两个需要进一步澄清的问题。一是此模式下的职业资格证到底属于行政许可还是属于行政确认?目前行政管理的实践中,通常将所有颁发职业资格证的行为均作为行政许可行为看待。这一点从历次职业资格清理划分出来的"准入类"职业资格中就可以看出。若如此,双证模式下实际上就存在两个关联的行政许可。也就是说,职业资格许可(表现为"职业资格证")是执业许可(表现为执业许可证或注册证)的前置行政许可。但是,这一解释在法理上较难成立。因为行政许可行为是授予行政相对人的一种行为资格。如果从业者在取得职业资格证后并未获得行为资格,而仍需进一步申请其他资格证书(执业证或注册证),那么职业资格证就很难说是属于行

---

① 《注册消防工程师制度暂行规定》第 22 条:"注册审批部门应当自做出批准决定之日起 10 个工作日内,颁发、送达相应级别的注册证。"

② 《注册核安全工程师执业资格制度暂行规定》第 17 条:"经批准注册的注册核安全工程师执业资格人员,由国家环境保护总局或其授权的机构在其执业资格证书的'注册情况'栏目内加盖印章,并核发'注册核安全工程师注册证'。"

③ 《房地产估价师执业资格制度暂行规定》第 11 条:"建设部或其授权的部门为房地产估价师资格的注册管理机构,未取得房地产估价师注册证的人员,不得以房地产估价师的名义从事房地产估价业务。"第 12 条:"房地产估价师执业资格考试合格人员,必须在取得房地产估价师执业资格证书后 3 个月内办理注册登记手续。"

政许可。因此,有学者认为,当分别做出行政确认与行政许可,并分别颁发确认证书与许可证书时,那就作为两种行政行为来对待①。换言之,在双证模式下,颁发职业资格证实际上属于行政确认范畴,而只有颁发执业证(注册证)才属于行政许可。

第二节　职业资格两种许可模式的比较

一、单证模式的弊端

从理论上看,职业许可实际上都可以包括两个阶段:获取职业资格(技能确认)、取得执业资格(行为许可)。只是目前我国通常将职业资格考试和取得执业资格这两个阶段合而为一;也就是说,职业资格证书既意味着技能确认,也意味着行为许可。这种模式的优点是可以简化相关许可程序,对从业者是否满足职业资格的许可条件可以进行一次性审查。

但是,单证模式的弊端同样显而易见。一是它使得政府成为技能考察的直接评判者。而由于我国的职业水平评价亦由政府主导实施并由政府部门颁发证书,这就使得职业许可与职业水平评价之间的界限极易混淆。二是它使得主管行政机关需要一次性审查所有报名应试者提交的所有证明材料,加大了行政管理的成本。同时因上述证明材料都需要由申请人自行提供,故实际上也增加了申请人的申请成本。

---

① 胡建淼:《行政法学》,法律出版社 2010 年版,第 248 页。

二、职业资格与执业资格的分离

有鉴于此,从长远来看,应当建立职业资格与执业资格(许可)相互分离的制度。也就是说,应当采用"双证模式"。在此模式下,政府部门可以从单纯的技能类的职业资格考试中脱离出来,不再作为技能类职业资格考试及颁发证书的主体,而对此仅保留监管、引导及政策制定者的角色。因政府部门自身既缺乏相应的专业知识,亦无组织考试的技能特长,由其直接审查应考者的职业技能,实无必要。将来的职业资格证书应当仅仅作为一个技能凭证,其考试则应交由一些全国性的行业组织甚至是企业来组织评定。

在双证分离的基础上,确有必要设立执业许可的领域,国家可通过立法直接赋予特定职业的职业资格证书具有同时满足职业准入条件的效力,并可通过简单的"职业资格证书登记"使得"职业资格证书"转化为"执业许可"①。倘若某项职业除了需具备特定职业的技能之外,还需满足其他条件,例如个人道德品行、诚信记录、有无违法犯罪记录等,则国家可以在职业资格的基础上,对这些附加的其他条件另行审查,并根据审查结果决定是否予以颁发执业资格证书或注册证书。

职业资格与执业资格的分离,不仅可以使得政府从大量的

---

① 例如,《乡村兽医管理办法》(农业部令第 17 号)第 6 条第 2 项规定:取得中级以上动物疫病防治员、水生动物病害防治员职业技能鉴定证书的,可以向县级人民政府兽医主管部门申请乡村兽医登记。这一规定实际上就是赋予了职业技能鉴定证书同时具有满足乡村医生执业许可条件的效力,只是在程序上尚需履行一个简单的"登记"义务。

职业资格考试的组织与颁证中分离出来,而且可以使得政府集中精力成为纯粹的执业许可的审查者,而不再是职业技能的判定者。在此方面,法律职业资格与律师执业资格的分离其实已为我们展示了一个很好的范例。

第三节　职业资格许可条件的审查时间

一、当下实践的梳理与考察

在双证模式下,哪些条件应该被作为申请资格考试(行政确认)的条件,而另外哪些条件则应被作为申请执业许可的条件?两者之间又如何能够有效衔接呢?迄今为止,这一问题在实践中的规定极为混乱,亟须厘清。

我们以职业资格许可中的三类基本条件,即技能类、品行类和禁止类条件作为考察对象,来考察它们在不同许可模式下的审查时间。(见表6-1)

在单证模式下,资格许可的所有条件均在考试报名阶段审查完成。也就是说,申请人只有符合这些条件,才能获得参试资格。例如,在专利代理人资格考试中,申请人在考试报名时就必须满足所有的条件,如"18周岁以上,具有完全的民事行为能力;高等院校理工科专业毕业(或者具有同等学力),并掌握一门外语;熟悉专利法和有关的法律知识;从事过2年以上的科学技术工作或者法律工作"。并且不得具有下列情形:"因故意犯罪受过刑事处罚的;被吊销专利代理人资格的;属于本办法第12条规定的被处以3年内不得报名参加专利代理人资格考试,且未满 3 年的。"①

在双证模式下，情况就要复杂得多。根据现行规定，大致有如下几种情形。

一是在资格考试报名时审查所有的条件。如拍卖师执业资格考试，在申请资格考试报名时须符合学历、从业经历等技能类条件，同时也不得有犯罪记录、行政处分与行政处罚等禁止类条件。但其关于注册程序的规定为："考试合格取得拍卖师执业资格的人员，须在 3 个月内到中国拍卖行业协会申请办理注册登记手续。逾期不办者，当年考试成绩作废。"②这是否意味着，资格考试报名条件同时也就是注册条件？若如此，那么注册程序的意义何在呢？

二是资格考试报名时仅审查技能类条件(学历、专业和从业经历等)，禁止类条件则在申请注册时审查。例如，参加执业医师资格考试仅需满足学历条件以及在医疗机构的工作经历之条件。申请注册时则需进一步审查是否具有犯罪记录或行政处罚之情形。③

三是资格考试报名时仅审查技能类条件，但禁止类条件未列入注册程序中，而只是作为注册后的注销或吊销事由之一。例如，注册城市规划师受到刑事处罚的，其所在单位应及时向所在省级城市规划行政主管部门报告，有关的省级城市规划行政主管部门必须及时向建设部办理撤销注册手续。④

---

① 《专利代理人资格考试实施办法》(国家知识产权局令第 47 号)第 7 条。
② 《拍卖师执业资格制度暂行规定》(人发〔1996〕130 号)第 14 条。
③ 《中华人民共和国执业医师法》第 9 条。
④ 《注册城市规划师执业资格制度暂行规定》(人发〔1999〕39 号)第 15 条。

四是资格考试报名时仅审查技能类条件,但注册阶段及注册后均无禁止类条件之规定。如乡村兽医职业资格,无论在资格考试报名阶段还是注册阶段均无禁业限制。

表 6-1　双证模式下三类许可条件的审查时间表

		技能类条件	品行类条件	禁止类条件	示例
1	报名时审查	√	√	√	拍卖师
	注册时审查				
2	报名时审查		√		医师
	注册时审查			√	
3	报名时审查		√		注册城市规划师
	注册时审查			√	
4	报名时审查		√		乡村兽医
	注册时或注册后审查				

二、职业资格许可条件审查时间的变革

国外的职业资格考试多采用单证模式,因而其关于资格条件的审查均在资格考试报名阶段即已全部完成。我国的职业资格考试历经三十多年的发展,现已体现出很多自身的特色。若完全按照国外制度来重构,不仅没有必要,而且还须修改大量的法律、法规和规章,从而产生高昂的制度转型成本。鉴于此,在资格条件的审查方面,我们也不妨在现有制度的基础上,以“分阶段审查”的方式进行合理化的制度重整,具体措施可包括以下几点。

（一）资格考试报名阶段：审查技能类条件

我国目前职业资格考试的内容多数为技能考察。考试报名条件主要为学历、专业等。这些条件均为积极性条件，也就是说申请人可以自己提供相关证明，如学历证明等。因而，在职业资格考试的报名阶段，若仅审查技能类条件，则可以免去申请人为了提供其他各种证明所带来的诸多不便。此外，对于那些曾有过不良记录的人而言，这一做法也使得他同样具备了参加职业资格考试的机会。尽管其今后可能无法从事该职业，但却可以凭借此"职业资格证书"进入其他无职业准入要求的相关领域从业。例如，若允许有犯罪记录的人参加护理职业资格考试，那么即使其将来不能从事护士工作，却可能获得一份在养老院从事护工工作的机会。此时，职业资格证书实际上仅仅是一张"考试成绩合格证"，是一种能力证明。另外，这一简单化的操作也为将来逐步把职业资格考试交由行业协会实施创造了条件。

（二）申请执业注册阶段：审查禁止类条件

在通过资格考试后，申请人若想进一步申请"执业证书"，则应由行政机关审查其是否存在违法犯罪记录以及其他品行记录等内容。由于通过资格考试的人数必然要远远少于考试报名的人数，因而这一做法大大节省了行政机关的审查成本。

（三）注册阶段增加审查：审查实践技能

由于我国的职业资格考试以考察理论知识为主，而对劳动者实践技能的考核相对缺乏。因而，应当在职业资格考试通过后，强制申请人参加实践技能培训或实习，取得合格证书后方可进一步申请执业注册。在这方面，我国律师执业资格制度是较为成功的范例。与此相配套,我国应逐步取消职业资格领域的单证模式。因为在该种模式下,申请人一旦通过考试,将直接获得执业资格,从而也失去了考察与提升从业者实践技能的时间与空间。这显然与职业资格制度的设定目标相背离。

第四节　职业资格的重新取得制度

一、当下立法的几种模式

从业者在其职业资格证被吊销或注销后,能否重新取得职业资格? 目前规定主要有如下四种模式。

(一)可重新取得但未明确指明期限

例如,注册监理工程师被注销注册者或者不予注册者,在重新具备初始注册条件,并符合继续教育要求后,可以按照规定的程序重新申请注册。[①]

(二)两年内不得重新申请

例如,注册建筑师因在建筑设计或者相关业务中犯有错误受行政处罚或者撤职以上行政处分,自处罚、处分决定之日起至申请注册之日止不满 2 年的,不予注册。[②]

执业医师因受刑事处罚,自刑罚执行完毕之日起至申请注册之日止不满 2 年或者受吊销医师执业证书行政处罚,自处罚

[①]　《注册监理工程师管理规定》(建设部令第 147 号)第 16 条。
[②]　《中华人民共和国注册建筑师条例》(国务院令第 184 号)第 13 条。

决定之日起至申请注册之日止不满 2 年的,不予注册。①

(三)五年内不得重新申请

例如,因弄虚作假骗取教师资格,或者品行不良、侮辱学生,影响恶劣导致教师资格被撤销的,自撤销之日起 5 年内不得重新申请认定教师资格。② 其言下之意,被撤销教师资格 5 年以后可以重新申请。又如,注册建筑师、注册会计师因受刑事处罚的,自刑罚执行完毕之日起至申请注册之日止不满 5 年的,不予注册。

(四)终身禁止取得

例如,依照《教师法》第 14 条的规定丧失教师资格的,不能重新取得教师资格。③ 类似的规定也可见于导游资格。依现行规定,导游受过刑事处罚(过失犯罪的除外)或被吊销导游证的,不得再予以颁发导游证。④

(五)未明确规定是否可重新取得

例如,依照《律师法》的规定,律师因故意犯罪受到刑事处罚的,应吊销其律师职业证书。⑤ 但是该法却没有明确规定律师执业证被吊销后是否可以重新申请的问题。类似规定还可见于其他职业资格。如房地产估价师受到刑事处罚的,由原注册机关吊销其注册证,但未规定是否可重新申请注册。⑥ 此外,《注

---

① 《中华人民共和国执业医师法》第 15 条。
② 《教师资格条例》(国务院令第 188 号)第 19 条。
③ 《教师资格条例》(国务院令第 188 号)第 18 条。
④ 《导游人员管理条例》(国务院令第 263 号)第 5 条。
⑤ 《中华人民共和国律师法》第 49 条。
⑥ 《房地产估价师执业资格制度暂行规定》(建房〔1995〕147 号)第 19 条。

册消防工程师制度暂行规定》(人社部发〔2012〕56号)对注册消防工程师资格是否可重新取得也未作规定。

二、重新取得制度的重构

(一)立法应明确规定重新取得制度

从对现行立法的上述梳理来看,关于职业资格丧失后是否可重新取得的规定极不一致。职业资格涉及公民劳动与就业等基本权利,尤其是在实施职业准入限制的领域,公民一旦进入某一职业领域后将很难再更换职业,除非其重新通过学习来获得新的专业知识。并且,对于那些已具备了特定职业技能的劳动者,立法若不合理地限制其重新从业也是对这一人才资源的一种浪费。因此,对于因各种原因丧失了职业资格的人员,立法应明确规定其是否可重新取得,并同时规定其重新取得的条件。

(二)合理确定重新取得的期限

从现行立法来看,丧失职业资格(包括吊销职业资格或直接规定不予注册等)的主要情形包括:不具有民事行为能力、行政处分(撤职)、行政处罚(吊销职业资格)、刑事处罚等。对于不具有民事行为能力者,若其民事行为能力恢复(如疾病治愈),自恢复之日起当可以重新申请职业资格。而对于其他情形下的职业资格的丧失,法律上则需确定一个合理的期限。若禁业期限过长,则会限制当事人的职业自由,致使当事人不得不转而选择从事其他职业;若期限过短,则无法达到制裁效果。

就目前实践来看,对于同类情形的禁业期限的规定也不一致。例如,同样是受刑事处罚,医师的禁业期限是2年,而注册建筑师、会计师的禁业期限是 5 年。从合理性的角度看,受刑事处罚的,确定 5 年期限为妥。而因行政处罚等其他原因丧失职业资格的,则以 2 年的禁止期限较为妥当。

(三)终身禁止取得的适用限度

终身禁止某项职业的劳动者重新取得该项职业资格意味着劳动者必须更换职业。因而其对于劳动者的影响无疑是十分巨大的。终身禁业虽然满足了人们的"复仇"心理,但除非从业者的过错对于某种职业具有持续终身的负面影响,否则这种限制既无必要,亦无正当性可言。

以教师资格为例,《教师法》第 14 条规定:"受到剥夺政治权利或者故意犯罪受到有期徒刑以上刑事处罚的,不能取得教师资格;已经取得教师资格的,丧失教师资格。"《教师资格条例》第 18 条则进一步明确规定因上述原因丧失教师资格的,不能重新取得。相较之下,依照《律师法》第 49 条的规定,律师因故意犯罪受到刑事处罚的,吊销其律师执业证,虽然该法未明确规定律师被吊销执业证后是否可重新申请,但从当下实践看,实际上是终身禁止其重新取得了。可以看出,同样是终身禁业,教师资格与律师资格的适用条件存在明显差异。而在医师和注册会计师等职业资格中,受刑事处罚的禁业期限则分别设定为 2 年或 5 年,且没有区分故意犯罪或过失犯罪。可见,实践中对这一问题的规定都不统一。笔者认为,从合理性的角度来考量,终身禁业的适用对象,应仅限于因故意犯罪受到有期徒刑以上刑罚较为妥当。换言之,对于过失犯罪以及轻罪,仍应给予当事人利用其专业特长服务于社会的机会。

附　　录

【附表一】

职业资格清理规范第一批保留目录

（2012 年 5 月 11 日公布，共 265 项，其中准入类 36 项、水平评价类 229 项）

序号	名称	设置依据	实施承办部门或机构
职业准入类(36 项)			
1	注册咨询工程师(投资)	国务院对确需保留的行政审批项目设定行政许可的决定第 11 项[《注册咨询工程师(投资)执业资格制度暂行规定》(人发〔2001〕127 号)]	发展改革委
2	价格鉴证师	国务院对确需保留的行政审批项目设定行政许可的决定第 13 项[《价格鉴证师执业资格制度暂行规定》(人发〔1999〕66 号)]	发展改革委
3	价格评估人员	国务院对确需保留的行政审批项目设定行政许可的决定第 8 项	发展改革委
4	教师资格	教师法、教师资格条例	教育部
5	假肢与矫形器制作专业技术人员	国务院对确需保留的行政审批项目设定行政许可的决定第 68 项[《假肢与矫形器制作师执业资格制度暂行规定》(人发〔1997〕38 号)]	民政部(中国康复器具协会)
6	法律职业资格	法官法、检察官法、律师法、公证法	司法部
7	会计从业资格	会计法	财政部
8	注册会计师	注册会计师法	财政部(中国注册会计师协会)

序号	名称			设置依据	实施承办部门或机构
9	注册核安全工程师			放射性污染防治法、放射性同位素与射线装置安全和防护条例[《注册核安全工程师执业资格制度暂行规定》(人发〔2002〕106号)]	环境保护部
10	注册建筑师			注册建筑师条例[《建设部、人事部关于建立注册建筑师制度及有关工作的通知》(建设〔1994〕598号)]	住房城乡建设部
11	勘察设计	注册土木工程师	岩土	建筑法、建设工程勘察设计管理条例[《注册土木工程师(岩土)执业资格制度暂行规定》(人发〔2002〕35号)]	住房城乡建设部
			水利水电工程	建筑法、建设工程勘察设计管理条例[《注册土木工程师(水利水电工程)制度暂行规定》(国人部发〔2005〕58号)]	水利部、住房城乡建设部
			港口与航道工程	建筑法、建设工程勘察设计管理条例[《注册土木工程师(港口与航道工程)执业资格制度暂行规定》(人发〔2003〕27号)]	交通运输部、住房城乡建设部
			道路工程	建筑法、建设工程勘察设计管理条例[《勘察设计注册土木工程师(道路工程)制度暂行规定》(国人部发〔2007〕18号)]	交通运输部、住房城乡建设部
		注册结构工程师		建筑法、建设工程勘察设计管理条例[《注册结构工程师执业资格制度暂行规定》(建设〔1997〕222号)]	住房城乡建设部
		注册公用设备工程师		建筑法、建设工程勘察设计管理条例[《注册公用设备工程师执业资格制度暂行规定》(人发〔2003〕24号)]	住房城乡建设部

序号	名称		设置依据	实施承办部门或机构
11	勘察设计	注册电气工程师	建筑法、建设工程勘察设计管理条例[《注册电气工程师执业资格制度暂行规定》(人发〔2003〕25号)]	住房城乡建设部
		注册机械工程师	建筑法、建设工程勘察设计管理条例[《勘察设计注册机械工程师制度暂行规定》(国人部发〔2005〕87号)]	住房城乡建设部
		注册化工工程师	建筑法、建设工程勘察设计管理条例[《注册化工工程师执业资格制度暂行规定》(人发〔2003〕26号)]	住房城乡建设部
		注册冶金工程师	建筑法、建设工程勘察设计管理条例[《勘察设计注册冶金工程师制度暂行规定》(国人部发〔2005〕85号)]	住房城乡建设部
		注册采矿/矿物工程师	建筑法、建设工程勘察设计管理条例[《勘察设计注册采矿/矿物工程师制度暂行规定》(国人部发〔2005〕86号)]	住房城乡建设部
		注册石油天然气工程师	建筑法、建设工程勘察设计管理条例[《勘察设计注册石油天然气工程师制度暂行规定》(国人部发〔2005〕84号)]	住房城乡建设部
		注册环保工程师	建筑法、建设工程勘察设计管理条例[《注册环保工程师制度暂行规定》(国人部发〔2005〕56号)]	环境保护部、住房城乡建设部
12	注册城市规划师		国务院对确需保留的行政审批项目设定行政许可的决定第98项[《注册城市规划师执业资格制度暂行规定》(人发〔1999〕39号)]	住房城乡建设部
13	房地产估价师		城市房地产管理法[《房地产估价师执业资格制度暂行规定》(建房〔1995〕147号)]	住房城乡建设部

序号	名称	设置依据	实施承办部门或机构
13	房地产估价师	城市房地产管理法[《房地产估价师执业资格制度暂行规定》(建房〔1995〕147号)]	住房城乡建设部
14	注册验船师	船舶和海上设施检验条例、渔业船舶检验条例[《注册验船师制度暂行规定》(国人部发〔2006〕8号)]	交通运输部、农业部
15	医师资格	执业医师法	卫生部
16	乡村医生资格	乡村医生从业管理条例	卫生部
17	护士执业资格	护士条例	卫生部
18	拍卖师	拍卖法[《拍卖师执业资格制度暂行规定》(人发〔1996〕130号)]	商务部、国资委(中国拍卖行业协会)
19	棉花质量检验师	棉花质量监督管理条例[《棉花质量检验师执业资格制度暂行规定》(人发〔2000〕70号)]	质检总局
20	注册计量师	计量法[《注册计量师制度暂行规定》(国人部发〔2006〕40号)]	质检总局
21	特种设备检验检测人员(含无损检测)	特种设备安全监察条例	质检总局
22	出入境检验检疫报检员	国务院对确需保留的行政审批项目设定行政许可的决定第251项	质检总局
23	进出口商品检验鉴定机构从业人员	进出口商品检验法、进出口商品检验法实施条例	质检总局
24	统计人员从业资格	统计法、国务院对确需保留的行政审批项目设定行政许可的决定第339项	统计局
25	专利代理人	专利代理条例	知识产权局

序号	名称	设置依据	实施承办部门或机构
26	导游人员	导游人员管理条例	旅游局
27	地震安全性评价工程师	国务院对确需保留的行政审批项目设定行政许可的决定第375项[《地震安全性评价工程师制度暂行规定》(国人部发〔2005〕72号)]	地震局
28	精算专业人员	保险法	中国保监会
29	保险代理从业人员	保险法、国务院对确需保留的行政审批项目设定行政许可的决定第420项	中国保监会
30	保险经纪从业人员	保险法、国务院对确需保留的行政审批项目设定行政许可的决定第425项	中国保监会
31	保险公估从业人员	国务院对确需保留的行政审批项目设定行政许可的决定第415项	中国保监会
32	注册测绘师	测绘法[《注册测绘师制度暂行规定》(国人部发〔2007〕14号)]	测绘地理信息局
33	执业药师	药品管理法[《执业药师资格制度暂行规定》(人发〔1999〕34号)]	食品药品监管局
34	家畜繁殖员	就业促进法、畜牧法	农业行业技能鉴定机构
35	农机修理工	就业促进法、国务院对确需保留的行政审批项目设定行政许可的决定	农业行业技能鉴定机构
36	焊工	就业促进法、消防法	地方技能鉴定机构
职业水平评价类(229项,内容略)			

【附表二】

历次被废止的职业资格目录（共 8 批）

（一）第一批废止：2014 年 8 月 12 日国发〔2014〕27 号文废止 11 项

序号	职业资格名称	序号	职业资格名称
1	房地产经纪人	7	注册资产评估师
2	注册税务师	8	企业法律顾问
3	质量专业技术人员	9	建筑业企业项目经理
4	土地登记代理人	10	水利工程质量与安全监督员
5	矿业权评估师	11	品牌管理师
6	国际商务专业人员		

（二）第二批废止：2014 年 10 月 23 日国发〔2014〕50 号文废止 67 项

专业技术人员（共计 26 项，其中准入类 14 项、水平评价类 12 项）				
序号	项目名称	实施部门（单位）	资格类别	设定依据	备注
1	土地估价师资格	国土资源部	准入类	《土地估价师资格考试管理办法》（国土资源部令 2006 年第 35 号）	
2	机动车驾驶员培训机构教学负责人、机动车驾驶员培训结业考核人员从业资格	交通运输部	准入类	《道路运输从业人员管理规定》（交通部令 2006 年第 9 号）	
3	公路水运工程试验检测人员资格	交通运输部	准入类	《公路水运工程试验检测管理办法》（交通部令 2005 年第 12 号）	

序号	项目名称	实施部门（单位）	资格类别	设定依据	备注
4	理货人员从业资格	交通运输部	准入类	《关于印发〈理货人员从业资格管理办法〉等三个办法的通知》（交水发〔2007〕575号）	
5	水土保持监测人员上岗资格	水利部	准入类	《水土保持生态环境监测网络管理办法》（水利部令2000年第12号）	
6	拍卖行业从业人员资格	中国拍卖行业协会	准入类	《拍卖管理办法》（商务部令2004年第24号）	原实施单位为国资委管理的行业协会
7	机械工业质量管理咨询师	中国机械工业质量管理协会	准入类	《关于试行机械工业质量管理咨询诊断师证书的暂行规定》（84机质字242号）	
8	机械工业标准复核人员资格	中国机械工业标准化技术协会	准入类	《机械工业标准复核人员管理细则（试行）》（机科标〔1994〕38号）	
9	机械工业企业标准化人员资格	中国机械工业标准化技术协会	准入类	《关于开展机械工业企业标准化培训工作的通知》（机科标〔1995〕93号）	

序号	项目名称	实施部门（单位）	资格类别	设定依据	备注
10	出入境检验检疫报检员资格	质检总局	准入类	《国务院对确需保留的行政审批项目设定行政许可的决定》（国务院令第412号）《中华人民共和国进出口商品检验法实施条例》（国务院令第447号）	
11	外国证券类机构驻华代表机构首席代表资格核准	证监会	准入类	《国务院对确需保留的行政审批项目设定行政许可的决定》（国务院令第412号）	
12	保荐代表人资格	证监会	准入类	《国务院对确需保留的行政审批项目设定行政许可的决定》（国务院令第412号）	
13	保险公司精算专业人员资格认可	保监会	准入类	《中华人民共和国保险法》	
14	保险公估机构高级管理人员任职资格核准	保监会	准入类	《国务院对确需保留的行政审批项目设定行政许可的决定》（国务院令第412号）	
水平评价类(12项,内容略)					

技能人员(共计 41 项,其中准入类 1 项、水平评价类 40 项)					
序号	项目名称	实施部门 (单位)	资格 类别	设定依据	备注
1	中央储备粮保管、检验、防治人员资格认定	国家粮食局	准入类	《中央储备粮管理条例》(国务院令第388 号)	
水平评价类(40 项,内容略)					

(三)第三批废止:2015 年 2 月 24 日国发〔2015〕11 号文废止 67 项

专业技术人员(共计 28 项,其中准入类 4 项、水平评价类 24 项)					
序号	项目名称	实施部门 (单位)	资格 类别	设定依据	备注
1	矿山建设工程质量监督工程师	中国煤炭建设协会	准入类	《建设工程质量管理条例》(国务院令第 279 号)《建设工程质量监督工程师资格管理暂行规定》(建人教〔2001〕162 号)	原实施单位为国资委管理的行业协会
2	冶金监理工程师	中国冶金建设协会	准入类	《关于印发〈冶金工业部工程建设监理(试行)办法〉等三个文件的通知》[(1994)冶建字第 451 号]	
3	危险物品的生产、经营、储存单位以及矿山主要负责人和安全生产管理人员的安全资格认定	安全监管总局	准入类	《中华人民共和国安全生产法》	

序号	项目名称	实施部门（单位）	资格类别	设定依据	备注
4	期货公司董事、监事和高级管理人员任职资格核准	证监会	准入类	《期货交易管理条例》（国务院令第627号）	
水平评价类(24项,内容略)					
技能人员(共计39项,均为水平评价类)					

（四）第四批废止：2015 年 7 月 20 日国发〔2015〕41 号文废止 62 项

专业技术人员(共计25项,其中准入类1项、水平评价类24项)					
序号	项目名称	实施部门（单位）	资格类别	设定依据	备注
1	假肢与矫形器制作师	民政部/人力资源社会保障部	准入类	《国务院对确需保留的行政审批项目设定行政许可的决定》（国务院令第412号）	
水平评价类(24项,内容略)					
技能人员(共计37项,均为水平评价类)					

（五）第五批废止：2015 年 11 月 19 日人社部废止了《招用技术工种从业人员规定》，共废止 90 项职业资格

生产、运输设备操作人员(47 项)	车工、铣工、磨工、镗工、组合机床操作工、加工中心操作工、铸造工、锻造工、焊工、金属热处理工、冷作钣金工、涂装工、装配钳工、工具钳工、锅炉设备装配工、电机装配工、高低压电器装配工、电子仪器仪表装配工、电工仪器仪表装配工、机修钳工、汽车修理工、摩托车维修工、精密仪器仪表修理工、锅炉设备安装工、变电设备安装工、维修电工、计算机维修工、手工木工、精细木工、音响调音员、贵金属首饰手工制作工、土石方机械操作工、砌筑工、混凝土工、钢筋工、架子工、防水工、装饰装修工、电气设备安装工、管工、汽车驾驶员、起重装卸机械操作工、化学检验工、食品检验工、纺织纤维检验工、贵金属首饰钻石宝玉石检验员、防腐蚀工
农林牧渔水利业生产人员(3 项)	动物疫病防治员、动物检疫检验员、沼气生产工
商业、服务业人员（34 项）	营业员、推销员、出版物发行员、中药购销员、鉴定估价师、医药商品购销员、中药调剂员、冷藏工、中式烹调师、中式面点师、西式烹调师、西式面点师、调酒师、营养配餐员、餐厅服务员、前厅服务员、客房服务员、保健按摩师、职业指导员、物业管理员、锅炉操作工、美容师、美发师、摄影师、眼镜验光员、眼镜定配工、家用电子产品维修工、家用电器产品维修工、照相器材维修工、钟表维修工、办公设备维修工、保育员、家政服务员、养老护理员
办事人员和有关人员(6 项)	秘书、公关员、计算机操作员、制图员、话务员、用户通信终端维修员

(六)第六批废止:2016 年 1 月 20 日国发〔2016〕5 号文废止 61 项

专业技术人员(共计 43 项,其中准入类 5 项、水平评价类 38 项)					
序号	项目名称	实施部门(单位)	资格类别	设定依据	备注
1	公路水运工程造价人员资格	交通运输部	准入类	《建设工程勘察设计管理条例》(国务院令第 293 号)	
2	潜水人员从业资格	交通运输部	准入类	《中华人民共和国潜水员管理办法》(交通部令 1999 年第 3 号)	
3	中央在京直属企业所属远洋渔业船员资格	农业部	准入类	《中华人民共和国船员条例》(国务院令第 494 号)、《中华人民共和国渔业船员管理办法》(农业部令 2014 年第 4 号)	
4	民航计量检定员资格	中国民航局	准入类	《中华人民共和国计量法实施细则》(1987 年 1 月 19 日国务院批准,1987 年 2 月 1 日国家计量局发布)、《中国民用航空计量管理规定》(民航总局令第 55 号)	
5	考古发掘领队资格	国家文物局	准入类	《中华人民共和国文物保护法实施条例》(国务院令第 377 号)	
水平评价类(38 项,内容略)					
技能人员(共计 18 项,均为水平评价类)					

(七)第七批废止:2016 年 6 月 8 日国发〔2016〕35 号文废止47 项

专业技术人员(共计 9 项,其中准入类 8 项、水平评价类 1 项)				
序号	项目名称	实施部门(单位)	资格类别	设定依据	备注
1	价格鉴证师	国家发展改革委、人力资源社会保障部	准入类	《国务院对确需保留的行政审批项目设定行政许可的决定》(国务院令第 412 号)、《价格鉴证师执业资格制度暂行规定》(人发〔1999〕66 号)	
2	招标师	国家发展改革委、人力资源社会保障部	准入类	《中华人民共和国招标投标法实施条例》、《招标师职业资格制度暂行规定》(人社部发〔2013〕19 号)	
3	矿产储量评估师	国土资源部、人力资源社会保障部	准入类	《矿产储量评估师执业资格制度暂行规定》(人发〔1999〕33号)	
4	物业管理师	住房城乡建设部、人力资源社会保障部	准入类	《物业管理师制度暂行规定》(国人部发〔2005〕95 号)	
5	珠宝玉石质量检验师	质检总局、人力资源社会保障部	准入类	《珠宝玉石质量检验专业技术人员执业资格制度暂行规定》(人发〔1996〕79 号)	
6	棉花质量检验师	质检总局、人力资源社会保障部	准入类	《棉花质量检验师执业资格制度暂行规定》(人发〔2000〕70号)	

续　表

序号	项目名称	实施部门（单位）	资格类别	设定依据	备注
7	计量检定员	质检总局	准入类	《中华人民共和国计量法实施细则》《计量检定人员管理办法》（质检总局令第105号）	与注册计量师合并实施
8	地震安全性评价工程师	中国地震局、人力资源社会保障部	准入类	《国务院对确需保留的行政审批项目设定行政许可的决定》（国务院令第412号）、《地震安全性评价工程师制度暂行规定》（国人部发〔2005〕72号）	
水平评价类(12项,内容略)					
技能人员(共计38项,均为水平评价类)					

（八）第八批废止：2016年12月1日国发〔2016〕68号文废止114项

专业技术人员(共计7项,其中准入类3项、水平评价类4项)					
序号	项目名称	实施部门（单位）	资格类别	设定依据	备注
1	公路水运工程监理工程师资格	交通运输部	准入类	《建设工程质量管理条例》、《建设工程安全生产管理条例》	纳入监理工程师职业资格统一实施
2	肉品品质检验人员资格	农业部	准入类	《生猪屠宰管理条例》	纳入兽医卫生检验人员资格统一实施

序号	项目名称	实施部门（单位）	资格类别	设定依据	备注
3	临时导游	国家旅游局	准入类	《导游人员管理条例》	纳入导游资格统一实施
水平评价类(4 项,内容略)					
技能人员(共计 107 项,均为水平评价类)					

【附表三】

职业资格保留目录（2016）

（2016 年 12 月 16 日公布，共 151 项，其中专业技术人员 58 项、技能人员 93 项）

专业技术人员（共计 58 项，其中准入类 34 项、水平评价类 24 项）				
序号	职业资格名称	实施部门（单位）	资格类别	设定依据
1	教师资格	教育部	准入类	《中华人民共和国教师法》、《教师资格条例》（国务院令第 188 号）、《〈教师资格条例〉实施办法》（教育部令 2000 年第 10 号）
2	注册消防工程师	公安部、人力资源社会保障部	准入类	《中华人民共和国消防法》、《注册消防工程师制度暂行规定》（人社部发〔2012〕56 号）
3	法律职业资格	司法部	准入类	《中华人民共和国律师法》、《中华人民共和国法官法》、《中华人民共和国检察官法》、《中华人民共和国公证法》
4	中国委托公证人资格（香港、澳门）	司法部	准入类	《国务院对确需保留的行政审批项目设定行政许可的决定》（国务院令第 412 号）
5	注册会计师	财政部	准入类	《中华人民共和国注册会计师法》
6	民用核安全设备无损检验人员资格	环境保护部	准入类	《民用核安全设备监督管理条例》（国务院令第 500 号）
7	民用核设施操纵人员资格	环境保护部、国家能源局	准入类	《中华人民共和国民用核设施安全监督管理条例》
8	注册核安全工程师	环境保护部、人力资源社会保障部	准入类	《中华人民共和国放射性污染防治法》、《注册核安全工程师执业资格制度暂行规定》（人发〔2002〕106 号）

序号	职业资格名称	实施部门（单位）	资格类别	设定依据
9	注册建筑师	全国注册建筑师管理委员会及省级注册建筑师管理委员会	准入类	《中华人民共和国建筑法》、《中华人民共和国注册建筑师条例》(国务院令第 184 号)、《建设部、人事部关于建立注册建筑师制度及有关工作的通知》(建设〔1994〕第 598 号)、《建设工程勘察设计管理条例》(国务院令第 293 号)
10	监理工程师	住房城乡建设部、交通运输部、水利部、人力资源社会保障部	准入类	《中华人民共和国建筑法》、《建设工程质量管理条例》(国务院令第 279 号)、《注册监理工程师管理规定》(建设部令 2006 年第 147 号)
11	房地产估价师	住房城乡建设部、国土资源部、人力资源社会保障部	准入类	《中华人民共和国城市房地产管理法》、《房地产估价师执业资格制度暂行规定》(建房〔1995〕147 号)
12	造价工程师	住房城乡建设部、交通运输部、水利部、人力资源社会保障部	准入类	《中华人民共和国建筑法》、《造价工程师执业资格制度暂行规定》(人发〔1996〕77 号)
13	注册城市规划师	住房城乡建设部、人力资源社会保障部、中国城市规划协会	准入类	《中华人民共和国城乡规划法》、《注册城市规划师执业资格制度暂行规定》(人发〔1999〕39 号)
14	建造师	住房城乡建设部、人力资源社会保障部	准入类	《中华人民共和国建筑法》、《注册建造师管理规定》(建设部令 2006 年第 153 号)、《建造师执业资格制度暂行规定》(人发〔2002〕111 号)

序号	职业资格名称	实施部门（单位）	资格类别	设定依据
15	勘察设计注册工程师	注册结构工程师 住房城乡建设部、人力资源社会保障部	准入类	《中华人民共和国建筑法》、《建设工程勘察设计管理条例》（国务院令第293号）、《勘察设计注册工程师管理规定》（建设部令2005年第137号）、《注册结构工程师执业资格制度暂行规定》（建设〔1997〕222号）
		注册土木工程师 住房城乡建设部、交通运输部、水利部、人力资源社会保障部		《中华人民共和国建筑法》、《建设工程勘察设计管理条例》（国务院令第293号）、《勘察设计注册工程师管理规定》（建设部令2005年第137号）、《注册土木工程师(岩土)执业资格制度暂行规定》（人发〔2002〕35号）、《注册土木工程师(水利水电工程)制度暂行规定》（国人部发〔2005〕58号）、《注册土木工程师(港口与航道工程)执业资格制度暂行规定》（人发〔2003〕27号）、《勘察设计注册土木工程师(道路工程)制度暂行规定》（国人部发〔2007〕18号）

续　表

序号	职业资格名称	实施部门（单位）	资格类别	设定依据
15	勘察设计注册工程师	注册化工工程师	住房城乡建设部、人力资源社会保障部	准入类	《中华人民共和国建筑法》、《建设工程勘察设计管理条例》(国务院令第 293 号)、《勘察设计注册工程师管理规定》(建设部令 2005 年第 137 号)、《注册化工工程师执业资格制度暂行规定》(人发〔2003〕26 号)
		注册电气工程师			《中华人民共和国建筑法》《建设工程勘察设计管理条例》(国务院令第 293 号)、《勘察设计注册工程师管理规定》(建设部令 2005 年第 137 号)、《注册电气工程师执业资格制度暂行规定》(人发〔2003〕25 号)
		注册公用设备工程师			《中华人民共和国建筑法》、《建设工程勘察设计管理条例》(国务院令第 293 号)、《勘察设计注册工程师管理规定》(建设部令 2005 年第 137 号)、《注册公用设备工程师执业资格制度暂行规定》(人发〔2003〕24 号)
		注册环保工程师	住房城乡建设部、环境保护部、人力资源社会保障部		《中华人民共和国建筑法》、《建设工程勘察设计管理条例》(国务院令第 293 号)、《勘察设计注册工程师管理规定》(建设部令 2005 年第 137 号)、《注册环保工程师制度暂行规定》(国人部发〔2005〕56 号)

续　表

序号	职业资格名称	实施部门（单位）	资格类别	设定依据
15	勘察设计注册工程师	注册石油天然气工程师	住房城乡建设部、人力资源社会保障部	准入类	《中华人民共和国建筑法》、《建设工程勘察设计管理条例》(国务院令第293号)、《勘察设计注册工程师管理规定》(建设部令2005年第137号)、《勘察设计注册石油天然气工程师制度暂行规定》(国人部发〔2005〕84号)
		注册冶金工程师			《中华人民共和国建筑法》、《建设工程勘察设计管理条例》(国务院令第293号)、《勘察设计注册工程师管理规定》(建设部令2005年第137号)、《勘察设计注册冶金工程师制度暂行规定》(国人部发〔2005〕85号)
		注册采矿/矿物工程师			《中华人民共和国建筑法》、《建设工程勘察设计管理条例》(国务院令第293号)、《勘察设计注册工程师管理规定》(建设部令2005年第137号)、《勘察设计注册采矿/矿物工程师制度暂行规定》(国人部发〔2005〕86号)
		注册机械工程师			《中华人民共和国建筑法》、《建设工程勘察设计管理条例》(国务院令第293号)、《勘察设计注册工程师管理规定》(建设部令2005年第137号)、《勘察设计注册机械工程师制度暂行规定》(国人部发〔2005〕87号)

续　表

序号	职业资格名称		实施部门（单位）	资格类别	设定依据
16	注册验船师		交通运输部、农业部、人力资源社会保障部	准入类	《中华人民共和国船舶和海上设施检验条例》(国务院令第 109 号)、《中华人民共和国渔业船舶检验条例》(国务院令第 383 号)、《注册验船师制度暂行规定》(国人部发〔2006〕8 号)
17	船员资格（含船员、渔业船员）		交通运输部、农业部	准入类	《中华人民共和国船员条例》(国务院令第 494 号)、《中华人民共和国内河交通安全管理条例》(国务院令第 355 号)、《中华人民共和国渔港水域交通安全管理条例》(国务院令第 38 号)
18	兽医资格	执业兽医	农业部	准入类	《中华人民共和国动物防疫法》
		乡村兽医			《中华人民共和国动物防疫法》、《乡村兽医管理办法》(农业部令 2008 年第 17 号)
19	拍卖师		商务部、人力资源社会保障部、中国拍卖行业协会	准入类	《中华人民共和国拍卖法》
20	演出经纪人员资格		文化部	准入类	《营业性演出管理条例》(国务院令第 439 号)、《营业性演出管理条例实施细则》(文化部令 2009 年第 47 号)

序号	职业资格名称		实施部门（单位）	资格类别	设定依据
21	医生资格	医师	国家卫生计生委	准入类	《中华人民共和国执业医师法》
		乡村医生			《乡村医生从业管理条例》（国务院令第386号）
		人体器官移植医师			《中华人民共和国执业医师法》、《人体器官移植条例》（国务院令第491号）、《卫生部办公厅关于对人体器官移植技术临床应用规划及拟批准开展人体器官移植医疗机构和医师开展审定工作的通知》（卫办医发〔2007〕38号）、《国务院关于取消和调整一批行政审批项目等事项的决定》（国发〔2014〕27号）
22	护士执业资格		国家卫生计生委、人力资源社会保障部	准入类	《护士条例》（国务院令第517号）、《护士执业资格考试办法》（卫生部、人力资源和社会保障部令2010年第74号）
23	母婴保健技术服务人员资格		国家卫生计生委	准入类	《中华人民共和国母婴保健法》
24	出入境检疫处理人员资格		质检总局	准入类	《进出境动植物检疫法实施条例》（国务院令第206号）
25	注册设备监理师		质检总局、人力资源社会保障部	准入类	《国务院对确需保留的行政审批项目设定行政许可的决定》（国务院令第412号）、《注册设备监理师执业资格制度暂行规定》（国人部发〔2003〕40号）
26	注册计量师		质检总局、人力资源社会保障部	准入类	《中华人民共和国计量法》、《注册计量师制度暂行规定》（国人部发〔2006〕40号）

序号	职业资格名称	实施部门（单位）	资格类别	设定依据
27	广播电视播音员、主持人资格	国家新闻出版广电总局	准入类	《国务院对确需保留的行政审批项目设定行政许可的决定》(国务院令第412号)
28	新闻记者职业资格	国家新闻出版广电总局	准入类	《国务院对确需保留的行政审批项目设定行政许可的决定》(国务院令第412号)、《新闻记者证管理办法》(新闻出版总署令2009年第44号)
29	注册安全工程师	安全监管总局、人力资源社会保障部	准入类	《中华人民共和国安全生产法》、《注册安全工程师执业资格制度暂行规定》(人发〔2002〕87号)
30	执业药师	食品药品监管总局、人力资源社会保障部	准入类	《中华人民共和国药品管理法》、《中华人民共和国药品管理法实施条例》(国务院令第360号)、《药品经营质量管理规范》(国家食品药品监督管理总局令2015年第13号)、《执业药师资格制度暂行规定》(人发〔1999〕34号)
31	专利代理人	国家知识产权局	准入类	《专利代理条例》(国务院令第76号)
32	导游资格	国家旅游局	准入类	《中华人民共和国旅游法》、《导游人员管理条例》(国务院令第263号)
33	注册测绘师	国家测绘地理信息局、人力资源社会保障部	准入类	《中华人民共和国测绘法》、《注册测绘师制度暂行规定》(国人部发〔2007〕14号)

续　表

序号	职业资格名称	实施部门（单位）	资格类别	设定依据
34	航空人员资格	空勤人员、地面人员	中国民航局	准入类	《中华人民共和国民用航空法》
		民用航空器外国驾驶员、领航员、飞行机械员、飞行通信员			《国务院对确需保留的行政审批项目设定行政许可的决定》（国务院令第412号）
		航空安全员			《国务院对确需保留的行政审批项目设定行政许可的决定》（国务院令第412号）
		民用航空电信人员、航行情报人员、气象人员			《国务院对确需保留的行政审批项目设定行政许可的决定》（国务院令第412号）
水平评价类（24项,内容略）				

技能人员（共计93项,其中准入类8项、水平评价类85项）

序号	职业资格名称	实施部门（单位）	资格类别	设定依据	备注
1	消防设施操作员	消防行业技能鉴定机构	准入类	《中华人民共和国消防法》	
2	焊工	人社部门技能鉴定机构	准入类	《中华人民共和国消防法》	
		环境保护部（民用核安全设备焊工、焊接操作工）	准入类	《民用核安全设备监督管理条例》（国务院令第500号）、《国务院关于修改部分行政法规的决定》（国务院令第666号）、《国务院对确需保留的行政审批项目设定行政许可的决定》（国务院令第412号）	

续　表

序号	职业资格名称		实施部门（单位）	资格类别	设定依据	备注
3	家畜繁殖员		农业行业技能鉴定机构	准入类	《中华人民共和国畜牧法》	
4	关于健身和娱乐场所服务人员	游泳救生员	体育行业技能鉴定机构	准入类	《全民健身条例》（国务院令第560号公布,国务院令第638号修改）	除游泳、滑雪、潜水、攀岩等高危险性体育项目外的社会体育指导员,为水平评价类
		社会体育指导员（游泳滑雪潜水攀岩）	体育行业技能鉴定机构		《全民健身条例》（国务院令第560号公布,国务院令第638号修改）、《第一批高危险性体育项目目录公告》（国家体育总局公告第16号）	
5	关于航空运输服务人员	民航乘务员、机场运行指挥员	民航行业技能鉴定机构	准入类	《关于印发民航乘务员等2个国家职业标准的通知》（劳社厅发〔2006〕27号）、《关于印发第十九批矿山救护工等22个国家职业标准的通知》（劳社厅发〔2008〕6号）	
6	关于道路运输服务人员	道路客运汽车驾驶员、道路货运汽车驾驶员	交通运输行业技能鉴定机构	准入类	《关于印发第三批国家职业标准的通知》（劳社厅发〔2002〕1号）	
		机动车驾驶教练员			《关于印发机动车驾驶教练员国家职业技能标准的通知》（人社厅发〔2011〕26号）	

序号	职业资格名称	实施部门（单位）	资格类别	设定依据	备注
7	关于轨道交通运输服务人员	轨道列车司机	交通运输、铁路行业技能鉴定机构	准入类	《关于印发客车检车员等10个国家职业标准的通知》（劳社厅发〔2005〕11号）、《关于印发第十九批矿山救护工等22个国家职业标准的通知》（劳社厅发〔2008〕6号）	
8	关于消防和应急救援人员	消防员	消防行业技能鉴定机构	准入类	《关于印发灭火救援员国家职业技能标准的通知》（人社厅发〔2011〕18号）	
		森林消防员	林业行业技能鉴定机构		《关于印发第十二批房地产策划师等54个国家职业标准的通知》（劳社厅发〔2006〕1号）	
		应急救援员	紧急救援行业技能鉴定机构		《关于印发紧急救助员等6个国家职业技能标准的通知》（人社厅发〔2012〕54号）	
水平评价类(85项,内容略)					

【附表四】

职业资格保留目录（2017）①

（2017 年 10 月 24 日公布，共计 140 项，其中含准入类 41 项、水平评价类 99 项）

专业技术人员准入类（36 项）				
序号	职业资格名称	实施部门（单位）	资格类别	设定依据
1	教师资格	教育部	准入类	《中华人民共和国教师法》、《教师资格条例》(国务院令第 188 号)、《〈教师资格条例〉实施办法》(教育部令 2000 年第 10 号)
2	注册消防工程师	公安部、人力资源社会保障部	准入类	《中华人民共和国消防法》、《注册消防工程师制度暂行规定》(人社部发〔2012〕56 号)
3	法律职业资格	司法部	准入类	《中华人民共和国律师法》、《中华人民共和国法官法》、《中华人民共和国检察官法》、《中华人民共和国公证法》
4	中国委托公证人资格（香港、澳门）	司法部	准入类	《国务院对确需保留的行政审批项目设定行政许可的决定》(国务院令第 412 号)
5	注册会计师	财政部	准入类	《中华人民共和国注册会计师法》
6	民用核安全设备无损检验人员资格	环境保护部	准入类	《民用核安全设备监督管理条例》(国务院令第 500 号)

① 基于本书研究目的的考虑，本书将该次的职业资格目录在人社部公布的表格的基础上，按照准入类（行政许可类）与水平评价类两种类型做了重新编排，不再按以往公布的按专业技术人员与技能类人员为分类标准进行编排。因该表系迄今为止职业资格清理的最终结果，故将其中的水平评价类职业资格内容亦予以保留，以利于研究时对照。

续　表

序号	职业资格名称	实施部门（单位）	资格类别	设定依据
7	民用核设施操纵人员资格	环境保护部、国家能源局	准入类	《中华人民共和国民用核设施安全监督管理条例》
8	注册核安全工程师	环境保护部、人力资源社会保障部	准入类	《中华人民共和国放射性污染防治法》、《注册核安全工程师执业资格制度暂行规定》（人发〔2002〕106 号）
9	注册建筑师	全国注册建筑师管理委员会及省级注册建筑师管理委员会	准入类	《中华人民共和国建筑法》、《中华人民共和国注册建筑师条例》（国务院令第 184 号）、《关于建立注册建筑师制度及有关工作的通知》（建设〔1994〕第 598 号）、《国务院关于修改〈建设工程勘察设计管理条例〉的决定》（国务院令第 662 号）
10	监理工程师	住房城乡建设部、交通运输部、水利部、人力资源社会保障部	准入类	《中华人民共和国建筑法》、《建设工程质量管理条例》（国务院令第 279 号）、《注册监理工程师管理规定》（建设部令 2006 年第 147 号）、《公路水运工程监理企业资质管理规定》（交通运输部令 2015 年第 4 号）
11	房地产估价师	住房城乡建设部、国土资源部、人力资源社会保障部	准入类	《中华人民共和国城市房地产管理法》、《房地产估价师执业资格制度暂行规定》（建房〔1995〕147 号）

序号	职业资格名称	实施部门（单位）	资格类别	设定依据
12	造价工程师	住房城乡建设部、交通运输部、水利部、人力资源社会保障部	准入类	《中华人民共和国建筑法》、《造价工程师执业资格制度暂行规定》(人发〔1996〕77号)
13	注册城乡规划师	住房城乡建设部、人力资源社会保障部、中国城市规划协会	准入类	《中华人民共和国城乡规划法》、《注册城乡规划师职业资格制度规定》(人社部规〔2017〕6号)
14	建造师	住房城乡建设部、人力资源社会保障部	准入类	《中华人民共和国建筑法》、《注册建造师管理规定》(建设部令2006年第153号)、《建造师执业资格制度暂行规定》(人发〔2002〕111号)
15	勘察设计注册工程师　注册结构工程师	住房城乡建设部、人力资源社会保障部	准入类	《中华人民共和国建筑法》、《国务院关于修改〈建设工程勘察设计管理条例〉的决定》(国务院令第662号)、《勘察设计注册工程师管理规定》(建设部令2005年第137号)、《注册结构工程师执业资格制度暂行规定》(建设〔1997〕222号)

序号	职业资格名称	实施部门（单位）	资格类别	设定依据
15	勘察设计注册工程师	注册土木工程师	住房城乡建设部、交通运输部、水利部、人力资源社会保障部	准入类	《中华人民共和国建筑法》《国务院关于修改〈建设工程勘察设计管理条例〉的决定》(国务院令第662号)、《勘察设计注册工程师管理规定》(建设部令2005年第137号)、《注册土木工程师(岩土)执业资格制度暂行规定》(人发〔2002〕35号)、《注册土木工程师(水利水电工程)制度暂行规定》(国人部发〔2005〕58号)、《注册土木工程师(港口与航道工程)执业资格制度暂行规定》(人发〔2003〕27号)、《勘察设计注册土木工程师(道路工程)制度暂行规定》(国人部发〔2007〕18号)
		注册化工工程师	住房城乡建设部、人力资源社会保障部		《中华人民共和国建筑法》《国务院关于修改〈建设工程勘察设计管理条例〉的决定》(国务院令第662号)、《勘察设计注册工程师管理规定》(建设部令2005年第137号)、《注册化工工程师执业资格制度暂行规定》(人发〔2003〕26号)
		注册电气工程师			《中华人民共和国建筑法》《国务院关于修改〈建设工程勘察设计管理条例〉的决定》(国务院令第662号)、《勘察设计注册工程师管理规定》(建设部令2005年第137号)、《注册电气工程师执业资格制度暂行规定》(人发〔2003〕25号)
		注册公用设备工程师			《中华人民共和国建筑法》《国务院关于修改〈建设工程勘察设计管理条例〉的决定》(国务院令第662号)、《勘察设计注册工程师管理规定》(建设部令2005年第137号)、《注册公用设备工程师执业资格制度暂行规定》(人发〔2003〕24号)

序号	职业资格名称	实施部门（单位）	资格类别	设定依据
15	勘察设计注册工程师	注册环保工程师	住房城乡建设部、环境保护部、人力资源社会保障部	准入类	《中华人民共和国建筑法》、《国务院关于修改〈建设工程勘察设计管理条例〉的决定》（国务院令第662号）、《勘察设计注册工程师管理规定》（建设部令2005年第137号）、《注册环保工程师制度暂行规定》（国人部发〔2005〕56号）
		注册石油天然气工程师	住房城乡建设部、人力资源社会保障部		《中华人民共和国建筑法》、《国务院关于修改〈建设工程勘察设计管理条例〉的决定》（国务院令第662号）、《勘察设计注册工程师管理规定》（建设部令2005年第137号）、《勘察设计注册石油天然气工程师制度暂行规定》（国人部发〔2005〕84号）
		注册冶金工程师	住房城乡建设部、人力资源社会保障部		《中华人民共和国建筑法》、《国务院关于修改〈建设工程勘察设计管理条例〉的决定》（国务院令第662号）、《勘察设计注册工程师管理规定》（建设部令2005年第137号）、《勘察设计注册冶金工程师制度暂行规定》（国人部发〔2005〕85号）
		注册采矿/矿物工程师			《中华人民共和国建筑法》、《国务院关于修改〈建设工程勘察设计管理条例〉的决定》（国务院令第662号）、《勘察设计注册工程师管理规定》（建设部令2005年第137号）、《勘察设计注册采矿/矿物工程师制度暂行规定》（国人部发〔2005〕86号）

续　表

序号	职业资格名称		实施部门（单位）	资格类别	设定依据
15	勘察设计注册工程师	注册机械工程师	住房城乡建设部、人力资源社会保障部	准入类	《中华人民共和国建筑法》、《国务院关于修改〈建设工程勘察设计管理条例〉的决定》（国务院令第 662 号）、《勘察设计注册工程师管理规定》（建设部令 2005 年第 137 号）、《勘察设计注册机械工程师制度暂行规定》（国人部发〔2005〕87 号）
16	注册验船师		交通运输部、农业部、人力资源社会保障部	准入类	《中华人民共和国船舶和海上设施检验条例》（国务院令第 109 号）、《中华人民共和国渔业船舶检验条例》（国务院令第 383 号）、《注册验船师制度暂行规定》（国人部发〔2006〕8 号）
17	船员资格（含船员、渔业船员）		交通运输部、农业部	准入类	《中华人民共和国海上交通安全法》、《中华人民共和国船员条例》（国务院令第 494 号）、《中华人民共和国内河交通安全管理条例》（国务院令第 355 号）、《中华人民共和国渔港水域交通安全管理条例》（国务院令第 38 号）
18	兽医资格	执业兽医	农业部	准入类	《中华人民共和国动物防疫法》
		乡村兽医		准入类	《中华人民共和国动物防疫法》、《乡村兽医管理办法》（农业部令 2008 年第 17 号）
19	拍卖师		中国拍卖行业协会	准入类	《中华人民共和国拍卖法》
20	演出经纪人员资格		文化部	准入类	《国务院关于修改〈营业性演出管理条例〉的决定》（国务院令第 528 号）、《营业性演出管理条例实施细则》（文化部令 2009 年第 47 号）

续　表

序号	职业资格名称	实施部门（单位）	资格类别	设定依据
21	医生资格	医师	国家卫生计生委	准入类	《中华人民共和国执业医师法》
		乡村医生			《乡村医生从业管理条例》(国务院令第 386 号)
		人体器官移植医师			《中华人民共和国执业医师法》、《人体器官移植条例》(国务院令第 491 号)、《关于对人体器官移植技术临床应用规划及拟批准开展人体器官移植医疗机构和医师开展审定工作的通知》(卫办医发〔2007〕38 号)、《国务院关于取消和调整一批行政审批项目等事项的决定》(国发〔2014〕27 号)
22	护士执业资格		国家卫生计生委、人力资源社会保障部	准入类	《护士条例》(国务院令第 517 号)、《护士执业资格考试办法》(卫生部、人力资源社会保障部令 2010 年第 74 号)
23	母婴保健技术服务人员资格		国家卫生计生委	准入类	《中华人民共和国母婴保健法》
24	出入境检疫处理人员资格		质检总局	准入类	《中华人民共和国进出境动植物检疫法实施条例》(国务院令第 206 号)
25	注册设备监理师		质检总局、人力资源社会保障部	准入类	《国务院对确需保留的行政审批项目设定行政许可的决定》(国务院令第 412 号)、《注册设备监理师执业资格制度暂行规定》(国人部发〔2003〕40 号)
26	注册计量师		质检总局、人力资源社会保障部	准入类	《中华人民共和国计量法》、《注册计量师制度暂行规定》(国人部发〔2006〕40 号)

序号	职业资格名称	实施部门（单位）	资格类别	设定依据
27	广播电视播音员、主持人资格	新闻出版广电总局	准入类	《国务院对确需保留的行政审批项目设定行政许可的决定》（国务院令第 412 号）
28	新闻记者职业资格	新闻出版广电总局	准入类	《国务院对确需保留的行政审批项目设定行政许可的决定》（国务院令第 412 号）、《新闻记者证管理办法》（新闻出版总署令 2009 年第 44 号）
29	注册安全工程师	安全监管总局、人力资源社会保障部	准入类	《中华人民共和国安全生产法》、《注册安全工程师执业资格制度暂行规定》（人发〔2002〕87 号）
30	执业药师	食品药品监管总局、人力资源社会保障部	准入类	《中华人民共和国药品管理法》、《中华人民共和国药品管理法实施条例》（国务院令第 360 号）、《药品经营质量管理规范》（国家食品药品监督管理总局令 2016 年第 28 号）、《执业药师资格制度暂行规定》（人发〔1999〕34 号）
31	专利代理人	国家知识产权局	准入类	《专利代理条例》（国务院令第 76 号）
32	导游资格	国家旅游局	准入类	《中华人民共和国旅游法》、《导游人员管理条例》（国务院令第 263 号）
33	注册测绘师	国家测绘地信局、人力资源社会保障部	准入类	《中华人民共和国测绘法》、《注册测绘师制度暂行规定》（国人部发〔2007〕14 号）

续　表

序号	职业资格名称	实施部门（单位）	资格类别	设定依据
34	航空人员资格	空勤人员、地面人员	中国民航局	准入类	《中华人民共和国民用航空法》
		民用航空器外国驾驶员、领航员、飞行机械员、飞行通信员			《国务院对确需保留的行政审批项目设定行政许可的决定》（国务院令第412号）
		航空安全员			《国务院对确需保留的行政审批项目设定行政许可的决定》（国务院令第412号）
		民用航空电信人员、航行情报人员、气象人员			《国务院对确需保留的行政审批项目设定行政许可的决定》（国务院令第412号）
35	会计从业资格	财政部	准入类	《中华人民共和国会计法》、《会计从业资格管理办法》（财政部令2012年第73号）（备注:现已进入修法程序,视相关法律修订情况依法做出调整①）
36	特种设备检验、检测人员资格认定	质检总局	准入类	《中华人民共和国特种设备安全法》

① 《会计法》已于2017年11月4日修改,会计从业资格被取消。

序号	职业资格名称		实施部门（单位）	资格类别	设定依据
技能人员准入类（5 项）					
1	消防设施操作员		消防行业技能鉴定机构	准入类	《中华人民共和国消防法》
2	焊工		人社部门技能鉴定机构	准入类	《中华人民共和国消防法》
			环境保护部（民用核安全设备焊工、焊接操作工）	准入类	《民用核安全设备监督管理条例》(国务院令第 500 号)、《国务院对确需保留的行政审批项目设定行政许可的决定》(国务院令第 412 号)、《国务院关于修改部分行政法规的决定》(国务院令第 666 号)
3	家畜繁殖员		农业行业技能鉴定机构	准入类	《中华人民共和国畜牧法》
4	健身和娱乐场所服务人员	游泳救生员	体育行业技能鉴定机构	准入类	《全民健身条例》(国务院令第 560 号公布，国务院令第 638 号、第 666 号修订)
		社会体育指导员（游泳、滑雪、潜水、攀岩）			《全民健身条例》(国务院令第 560 号公布，国务院令第 638 号、第 666 号修订)、《第一批高危险性体育项目目录公告》(国家体育总局公告第 16 号)
5	轨道交通运输服务人员	轨道列车司机	交通运输行业技能鉴定机构	准入类	《铁路安全管理条例》(国务院令第 639 号)、《关于印发客车检车员等 10 个国家职业标准的通知》(劳社厅发〔2005〕11 号)、《关于印发第十九批矿山救护工等 22 个国家职业标准的通知》(劳社厅发〔2008〕6 号)
			国家铁路局（铁路机车车辆驾驶人员）		

专业技术人员水平评价类(23 项)				
1	工程咨询（投资）专业技术人员职业资格	国家发展改革委、人力资源社会保障部、中国工程咨询协会	水平评价类	《工程咨询(投资)专业技术人员职业资格制度暂行规定》（人社部发〔2015〕64 号）
2	通信专业技术人员职业资格	工业和信息化部、人力资源社会保障部	水平评价类	《中华人民共和国电信条例》(国务院令第 291 号)、《通信专业技术人员职业水平评价暂行规定》(国人部发〔2006〕10 号)
3	计算机技术与软件专业技术资格	工业和信息化部、人力资源社会保障部	水平评价类	《计算机技术与软件专业技术资格（水平）考试暂行规定》(国人部发〔2003〕39 号)
4	社会工作者职业资格	民政部、人力资源社会保障部	水平评价类	《国家中长期人才发展规划纲要(2010—2020 年)》(中发〔2010〕6 号)、《关于加强社会工作专业人才队伍建设的意见》(中组发〔2011〕25 号)、《社会工作者职业水平评价暂行规定》(国人部发〔2006〕71 号)
5	会计专业技术资格	财政部、人力资源社会保障部	水平评价类	《中华人民共和国会计法》、《会计专业职务试行条例》(职改字〔1986〕第 55 号)、《会计专业技术资格考试暂行规定》(财会〔2000〕11 号)
6	资产评估师	财政部、人力资源社会保障部、中国资产评估协会	水平评价类	《中华人民共和国资产评估法》、《资产评估师职业资格制度暂行规定》(人社部规〔2017〕7 号)

续 表

序号	职业资格名称	实施部门（单位）	资格类别	设定依据
7	经济专业技术资格	人力资源社会保障部	水平评价类	《经济专业人员职务试行条例》（职改字〔1986〕第74号）、《经济专业技术资格考试暂行规定》（人职发〔1993〕1号）
8	土地登记代理专业人员职业资格	国土资源部、人力资源社会保障部、中国土地估价师与土地登记代理人协会	水平评价类	《不动产登记暂行条例》（国务院令第656号）、《土地登记代理专业人员职业资格制度暂行规定》（人社部发〔2015〕66号）
9	环境影响评价工程师	环境保护部、人力资源社会保障部	水平评价类	《建设项目环境保护管理条例》（国务院令第253号）、《环境影响评价工程师职业资格制度暂行规定》（国人部发〔2004〕13号）
10	房地产经纪专业人员职业资格	住房城乡建设部、人力资源社会保障部、中国房地产估价师与房地产经纪人学会	水平评价类	《中华人民共和国城市房地产管理法》、《房地产经纪专业人员职业资格制度暂行规定》（人社部发〔2015〕47号）
11	机动车检测维修专业技术人员职业资格	交通运输部、人力资源社会保障部	水平评价类	《中华人民共和国道路运输条例》（国务院令第406号）、《机动车检测维修专业技术人员职业水平评价暂行规定》（国人部发〔2006〕51号）

续　表

序号	职业资格名称	实施部门（单位）	资格类别	设定依据
12	公路水运工程试验检测专业技术人员职业资格	交通运输部、人力资源社会保障部	水平评价类	《建设工程质量管理条例》(国务院令第 279 号)、《公路水运工程试验检测专业技术人员职业资格制度规定》(人社部发〔2015〕59 号)
13	水利工程质量检测员资格	水利部、中国水利工程协会	水平评价类	《建设工程质量管理条例》(国务院令第 279 号)、《水利工程质量检测管理规定》(水利部令 2008 年第 36 号)
14	卫生专业技术资格	国家卫生计生委、人力资源社会保障部	水平评价类	《卫生技术人员职务试行条例》(职改字〔1986〕第 20 号)、《关于加强卫生专业技术职务评聘工作的通知》(人发〔2000〕114 号)、《临床医学专业技术资格考试暂行规定》(卫人发〔2000〕462 号)、《预防医学、全科医学、药学、护理、其他卫生技术等专业技术资格考试暂行规定》(卫人发〔2001〕164 号)
15	审计专业技术资格	审计署、人力资源社会保障部	水平评价类	《中华人民共和国审计法》、《中华人民共和国审计法实施条例》(国务院令第 571 号)、《审计专业技术初、中级资格考试规定》(审人发〔2003〕4 号)、《高级审计师评价办法(试行)》(人发〔2002〕58 号)
16	税务师	税务总局、人力资源社会保障部、中国注册税务师协会	水平评价类	《中华人民共和国税收征收管理法》、《税务师职业资格制度暂行规定》(人社部发〔2015〕90 号)

序号	职业资格名称	实施部门（单位）	资格类别	设定依据
17	认证人员职业资格	质检总局	水平评价类	《中华人民共和国认证认可条例》(国务院令第 390 号)
18	出版专业技术人员职业资格	国家新闻出版广电总局、人力资源社会保障部	水平评价类	《国务院关于修改〈出版管理条例〉的决定》(国务院令第 594 号)、《国务院关于修改〈音像制品管理条例〉的决定》(国务院令第 595 号)、《出版专业人员职务试行条例》(职改字〔1986〕第 41 号)、《出版专业技术人员职业资格考试暂行规定》(人发〔2001〕86 号)
19	统计专业技术资格	国家统计局、人力资源社会保障部	水平评价类	《统计专业职务试行条例》(职改字〔1986〕第 57 号)、《统计专业技术资格考试暂行规定》(国统字〔1995〕46 号)、《关于印发高级统计师资格评价办法(试行)的通知》(人社部发〔2011〕90 号)
20	银行业专业人员职业资格	银监会、人力资源社会保障部、中国银行业协会	水平评价类	《银行业专业人员职业资格制度暂行规定》(人社部发〔2013〕101 号)
21	证券期货业从业人员资格	证监会	水平评价类	《中华人民共和国证券法》、《期货交易管理条例》(国务院令第 489 号)

续　表

序号	职业资格名称	实施部门（单位）	资格类别	设定依据
22	文物保护工程从业资格	国家文物局	水平评价类	《中华人民共和国文物保护法实施条例》（国务院令第 377 号）、《文物保护工程管理办法》（文化部令 2003 年第 26 号）、《文物保护工程勘察设计资质管理办法（试行）》、《文物保护工程施工资质管理办法（试行）》、《文物保护工程监理资质管理办法（试行）》（文物保发〔2014〕13 号）
23	翻译专业资格	中国外文局、人力资源社会保障部	水平评价类	《翻译专业职务试行条例》（职改字〔1986〕第 54 号）、《翻译专业资格（水平）考试暂行规定》（人发〔2003〕21 号）

技能人员水平评价类(76 项)

序号	职业资格名称	实施部门（单位）		资格类别	设定依据
1	机械设备修理人员	设备点检员	冶金行业技能鉴定机构	水平评价类	《关于印发船舶管系工等 42 个国家职业技能标准的通知》（人社厅发〔2009〕66 号）
		电工	安全生产监督管理部门相关机构、人社部门技能鉴定机构		《关于印发船舶管系工等 42 个国家职业技能标准的通知》（人社厅发〔2009〕66 号）

序号	职业资格名称	实施部门（单位）		资格类别	设定依据
1	机械设备修理人员	锅炉设备检修工	电力行业技能鉴定机构	水平评价类	《关于印发第十五批模具设计师等 65 个国家职业标准的通知》（劳社厅发〔2006〕33 号）
		变电设备检修工			《关于印发防腐蚀工等 22 个国家职业标准的通知》（劳社厅发〔2001〕3 号）
		工程机械维修工	机械行业技能鉴定机构		《关于印发平版制版工等 23 个国家职业技能标准的通知》（人社厅发〔2010〕39 号）
2	通用工程机械操作人员	起重装卸机械操作工	交通运输行业技能鉴定机构、人社部门技能鉴定机构	水平评价类	《关于印发列车值班员等 65 个国家职业（工种）标准的通知》（劳社厅发〔2007〕14 号）
3	建筑安装施工人员	电梯安装维修工	人社部门技能鉴定机构会同有关行业协会	水平评价类	《关于印发防腐蚀工等 22 个国家职业标准的通知》（劳社厅发〔2001〕3 号）
		制冷空调系统安装维修工			《关于印发第八批林木种苗工等 65 个国家职业标准的通知》（劳社厅发〔2004〕1 号）

序号	职业资格名称	实施部门（单位）		资格类别	设定依据
4	土木工程建筑施工人员	筑路工	交通运输行业技能鉴定机构、住房城乡建设部门相关机构	水平评价类	《关于印发汽车运输调度员等8个国家职业标准的通知》（劳社厅发〔2007〕27号）
		桥隧工			《关于印发客车检车员等10个国家职业标准的通知》（劳社厅发〔2005〕11号）
		防水工	住房城乡建设部门相关机构、人社部门技能鉴定机构		《关于印发手工木工等8个国家职业技能标准的通知》（人社厅发〔2011〕129号）
		电力电缆安装运维工	电力行业技能鉴定机构		《关于印发第十五批模具设计师等65个国家职业标准的通知》（劳社厅发〔2006〕33号）
5	房屋建筑施工人员	砌筑工、混凝土工、钢筋工、架子工	住房城乡建设部门相关机构、人社部门技能鉴定机构	水平评价类	《关于印发手工木工等8个国家职业技能标准的通知》（人社厅发〔2011〕129号）
6	水生产、输排和水处理人员	水生产处理工	化工、电力行业技能鉴定机构、住房城乡建设部门相关机构	水平评价类	《关于印发养老护理员等4个国家职业技能标准的通知》（人社厅发〔2011〕104号）
		工业废水处理工	化工行业技能鉴定机构		《关于印发紧急救助员等6个国家职业技能标准的通知》（人社厅发〔2012〕54号）

序号	职业资格名称	实施部门（单位）		资格类别	设定依据
7	气体生产、处理和输送人员	工业气体生产工	化工行业技能鉴定机构	水平评价类	《关于印发第十批玩具设计师等68个国家职业标准的通知》（劳社厅发〔2005〕1号）
		工业废气治理工	化工、电力行业技能鉴定机构		《关于印发紧急救助员等6个国家职业技能标准的通知》（人社厅发〔2012〕54号）
		压缩机操作工	化工、煤炭行业技能鉴定机构		《关于印发第十批玩具设计师等68个国家职业标准的通知》（劳社厅发〔2005〕1号）
8	电力、热力生产和供应人员	锅炉运行值班员、发电集控值班员、变配电运行值班员、继电保护员	电力行业技能鉴定机构	水平评价类	《关于印发第十五批模具设计师等65个国家职业标准的通知》（劳社厅发〔2006〕33号）
		燃气轮机值班员			《关于印发船舶管系工等42个国家职业技能标准的通知》（人社厅发〔2009〕66号）
		锅炉操作工	人社部门技能鉴定机构会同有关行业协会		《关于印发组合机床操作工等28个国家职业标准的通知》（劳社厅发〔2000〕14号）
9	仪器仪表装配人员	钟表及计时仪器制造工	轻工行业技能鉴定机构	水平评价类	《关于印发第十批玩具设计师等68个国家职业标准的通知》（劳社厅发〔2005〕1号）

序号	职业资格名称	实施部门（单位）	资格类别	设定依据
10	电子设备装配调试人员	广电和通信设备电子装接工、广电和通信设备调试工	电子通信行业技能鉴定机构	水平评价类	《关于印发液晶显示器件制造工等 10 个国家职业标准的通知》（劳社厅发〔2005〕2 号）
11	计算机制造人员	计算机及外部设备装配调试员	电子通信行业技能鉴定机构	水平评价类	《关于印发液晶显示器件制造工等 10 个国家职业标准的通知》（劳社厅发〔2005〕2 号）
12	电子器件制造人员	液晶显示器件制造工	电子通信行业技能鉴定机构	水平评价类	《关于印发通信设备检验员和液晶显示器件制造工国家职业技能标准的通知》（人社厅发〔2011〕35 号）
		半导体芯片制造工、半导体分立器件和集成电路装调工			《关于印发半导体芯片制造工等 13 个国家职业标准的通知》（劳社厅发〔2003〕2 号）
13	电子元件制造人员	电子产品制版工、印制电路制作工	电子通信行业技能鉴定机构	水平评价类	《关于印发半导体芯片制造工等 13 个国家职业标准的通知》（劳社厅发〔2003〕2 号）

序号	职业资格名称	实施部门（单位）		资格类别	设定依据
14	电线电缆、光纤光缆及电工器材制造人员	电线电缆制造工	机械行业技能鉴定机构	水平评价类	《关于印发防腐蚀工等22个国家职业标准的通知》（劳社厅发〔2001〕3号）
15	输配电及控制设备制造人员	变压器互感器制造工	机械行业技能鉴定机构	水平评价类	《关于印发第九批国家职业标准的通知》（劳社厅发〔2004〕7号）
		高低压电器及成套设备装配工			《关于印发第三批国家职业标准的通知》（劳社厅发〔2002〕1号）
16	汽车整车制造人员	汽车装调工	机械行业技能鉴定机构	水平评价类	《关于印发第十批玩具设计师等68个国家职业标准的通知》（劳社厅发〔2005〕1号）
17	医疗器械制品和康复辅具生产人员	矫形器装配工、假肢装配工	民政行业技能鉴定机构	水平评价类	《关于印发假肢师等8个国家职业标准的通知》（劳社厅发〔2006〕8号）
18	金属加工机械制造人员	机床装调维修工	人社部门技能鉴定机构同有关行业协会	水平评价类	《关于印发第十五批模具设计师等65个国家职业标准的通知》（劳社厅发〔2006〕33号）

序号	职业资格名称	实施部门（单位）		资格类别	设定依据
19	工装工具制造加工人员	模具工	人社部门技能鉴定机构会同有关行业协会	水平评价类	《关于印发锁具修理工等5个国家职业技能标准的通知》（人社厅发〔2012〕114号）
20	机械热加工人员	铸造工、锻造工、金属热处理工	人社部门技能鉴定机构会同有关行业协会	水平评价类	《关于印发船舶管系工等42个国家职业技能标准的通知》（人社厅发〔2009〕66号）
21	机械冷加工人员	车工、铣工	人社部门技能鉴定机构会同有关行业协会	水平评价类	《关于印发第十批玩具设计师等68个国家职业标准的通知》（劳社厅发〔2005〕1号）、《关于印发船舶管系工等42个国家职业技能标准的通知》（人社厅发〔2009〕66号）
		钳工、磨工、冲压工			《关于印发船舶管系工等42个国家职业技能标准的通知》（人社厅发〔2009〕66号）
		电切削工	机械行业技能鉴定机构、人社部门技能鉴定机构		《关于印发第十二批房地产策划师等54个国家职业标准的通知》（劳社厅发〔2006〕1号）

序号	职业资格名称	实施部门（单位）	资格类别	设定依据
22	硬质合金生产人员	硬质合金成型工、硬质合金烧结工、硬质合金精加工工	有色金属行业技能鉴定机构	水平评价类	《关于印发第八批林木种苗工等65个国家职业标准的通知》（劳社厅发〔2004〕1号）
23	金属轧制人员	轧制原料工、金属轧制工、金属材热处理工、金属材精整工	冶金、有色金属行业技能鉴定机构	水平评价类	《关于印发高炉原料工等27个工种国家职业标准的通知》（人社厅发〔2008〕71号）
		金属挤压工、铸轧工	有色金属行业技能鉴定机构		《关于印发第十五批模具设计师等65个国家职业标准的通知》（劳社厅发〔2006〕33号）
24	轻有色金属冶炼人员	氧化铝制取工、铝电解工	有色金属行业技能鉴定机构	水平评价类	《关于印发第八批林木种苗工等65个国家职业标准的通知》（劳社厅发〔2004〕1号）
25	重有色金属冶炼人员	重冶火法冶炼工、电解精炼工	有色金属行业技能鉴定机构	水平评价类	《关于印发第八批林木种苗工等65个国家职业标准的通知》（劳社厅发〔2004〕1号）
		重冶湿法冶炼工			《关于印发第九批国家职业标准的通知》（劳社厅发〔2004〕7号）

续 表

序号	职业资格名称	实施部门（单位）		资格类别	设定依据
26	炼钢人员	炼钢原料工、炼钢工	冶金行业技能鉴定机构	水平评价类	《关于印发高炉原料工等27个工种国家职业标准的通知》（人社厅发〔2008〕71号）
27	炼铁人员	高炉原料工、高炉炼铁工、高炉运转工	冶金行业技能鉴定机构	水平评价类	《关于印发高炉原料工等27个工种国家职业标准的通知》（人社厅发〔2008〕71号）
28	矿物采选人员	井下支护工	有色金属、煤炭、冶金行业技能鉴定机构	水平评价类	《关于印发第十六批汽车加气站操作工等10个国家职业标准的通知》（劳社厅发〔2007〕3号）
		矿山救护工			《关于印发第十九批矿山救护工等22个国家职业标准的通知》（劳社厅发〔2008〕6号）
29	陶瓷制品制造人员	陶瓷原料准备工、陶瓷烧成工、陶瓷装饰工	轻工、建材行业技能鉴定机构	水平评价类	《关于印发第八批林木种苗工等65个国家职业标准的通知》（劳社厅发〔2004〕1号）
30	玻璃纤维及玻璃纤维增强塑料制品制造人员	玻璃纤维及制品工	建材行业技能鉴定机构	水平评价类	《关于印发防腐蚀工等17个国家职业技能标准的通知》（人社厅发〔2009〕90号）
		玻璃钢制品工			《关于印发第十批玩具设计师等68个国家职业标准的通知》（劳社厅发〔2005〕1号）

序号	职业资格名称	实施部门（单位）		资格类别	设定依据
31	水泥、石灰、石膏及其制品制造人员	水泥生产工、石膏制品生产工	建材行业技能鉴定机构	水平评价类	《关于印发第八批林木种苗工等65个国家职业标准的通知》（劳社厅发〔2004〕1号）
		水泥混凝土制品工			《关于印发第十批玩具设计师等68个国家职业标准的通知》（劳社厅发〔2005〕1号）
32	药物制剂人员	药物制剂工	中医药行业技能鉴定机构	水平评价类	《关于印发中药调剂员等5个国家职业技能标准的通知》（人社厅发〔2009〕94号）
33	中药饮片加工人员	中药炮制工	中医药行业技能鉴定机构	水平评价类	《关于印发中药炮制与配制工国家职业技能标准的通知》（人社厅发〔2011〕94号）
34	涂料、油墨、颜料及类似产品制造人员	涂料生产工、染料生产工	化工行业技能鉴定机构	水平评价类	《关于印发第十二批房地产策划师等54个国家职业标准的通知》（劳社厅发〔2006〕1号）
35	农药生产人员	农药生产工	化工行业技能鉴定机构	水平评价类	《关于印发第十五批模具设计师等65个国家职业标准的通知》（劳社厅发〔2006〕33号）
36	化学肥料生产人员	合成氨生产工、尿素生产工	化工行业技能鉴定机构	水平评价类	《关于印发第六批国家职业标准的通知》（劳社厅发〔2003〕14号）

续　表

序号	职业资格名称	实施部门（单位）		资格类别	设定依据
37	基础化学原料制造人员	硫酸生产工、硝酸生产工、纯碱生产工	化工行业技能鉴定机构	水平评价类	《关于印发第十批玩具设计师等 68 个国家职业标准的通知》（劳社厅发〔2005〕1 号）
		烧碱生产工、无机化学反应生产工			《关于印发第十二批房地产策划师等 54 个国家职业标准的通知》（劳社厅发〔2006〕1 号）
		有机合成工			《关于印发第十五批模具设计师等 65 个国家职业标准的通知》（劳社厅发〔2006〕33 号）
38	化工产品生产通用工艺人员	化工总控工	化工行业技能鉴定机构	水平评价类	《关于印发第十批玩具设计师等 68 个国家职业标准的通知》（劳社厅发〔2005〕1 号）
		防腐蚀工			《关于印发防腐蚀工等 17 个国家职业技能标准的通知》（人社厅发〔2009〕90 号）
		制冷工	人社部门技能鉴定机构会同有关行业协会		《关于印发船舶管系工等 42 个国家职业技能标准的通知》（人社厅发〔2009〕66 号）
39	炼焦人员	炼焦煤制备工	煤炭、冶金行业技能鉴定机构	水平评价类	《关于印发高炉原料工等 27 个工种国家职业标准的通知》（人社厅发〔2008〕71 号）、《关于印发防腐蚀工等 17 个国家职业技能标准的通知》（人社厅发〔2009〕90 号）
		炼焦工			《关于印发高炉原料工等 27 个工种国家职业标准的通知》（人社厅发〔2008〕71 号）

序号	职业资格名称	实施部门（单位）	资格类别	设定依据
40	工艺美术品制作人员	景泰蓝制作工	轻工行业技能鉴定机构	水平评价类	《关于印发第八批林木种苗工等65个国家职业标准的通知》(劳社厅发〔2004〕1号)
41	木制品制造人员	手工木工	住房城乡建设部门相关机构、人社部门技能鉴定机构	水平评价类	《关于印发手工木工等8个国家职业技能标准的通知》(人社厅发〔2011〕129号)
42	纺织品和服装剪裁缝纫人员	服装制版师	纺织行业技能鉴定机构	水平评价类	《关于印发第五批国家职业标准的通知》(劳社厅发〔2003〕1号)
43	印染人员	印染前处理工、印花工、印染后整理工、印染染化料配制工	纺织行业技能鉴定机构	水平评价类	《关于印发第十二批房地产策划师等54个国家职业标准的通知》(劳社厅发〔2006〕1号)
		纺织染色工			《关于印发第十批玩具设计师等68个国家职业标准的通知》(劳社厅发〔2005〕1号)
44	织造人员	整经工、织布工	纺织行业技能鉴定机构	水平评价类	《关于印发第十批玩具设计师等68个国家职业标准的通知》(劳社厅发〔2005〕1号)
45	纺纱人员	纺纱工	纺织行业技能鉴定机构	水平评价类	《关于印发第十批玩具设计师等68个国家职业标准的通知》(劳社厅发〔2005〕1号)
		缫丝工			《关于印发第十二批房地产策划师等54个国家职业标准的通知》(劳社厅发〔2006〕1号)

序号	职业资格名称	实施部门（单位）		资格类别	设定依据
46	纤维预处理人员	纺织纤维梳理工、并条工	纺织行业技能鉴定机构	水平评价类	《关于印发第十批玩具设计师等68个国家职业标准的通知》(劳社厅发〔2005〕1号)
47	酒、饮料及精制茶制造人员	酿酒师、品酒师	轻工行业技能鉴定机构	水平评价类	《关于印发第十八批平版印刷工等20个国家职业标准的通知》(劳社厅发〔2008〕5号)
		酒精酿造工、白酒酿造工、啤酒酿造工、黄酒酿造工、果露酒酿造工			《关于印发第五批国家职业标准的通知》(劳社厅发〔2003〕1号)
		评茶员	供销行业技能鉴定机构、人社部门技能鉴定机构		《关于印发防腐蚀工等22个国家职业标准的通知》(劳社厅发〔2001〕3号)
48	乳制品加工人员	乳品评鉴师	轻工行业技能鉴定机构	水平评价类	《关于印发防腐蚀工等17个国家职业技能标准的通知》(人社厅发〔2009〕90号)
49	粮油加工人员	制米工、制粉工、制油工	粮食行业技能鉴定机构	水平评价类	《关于印发粮油竞价交易员等7个国家职业标准的通知》(劳社厅发〔2005〕10号)

序号	职业资格名称	实施部门（单位）	资格类别	设定依据
50	动植物疫病防治人员	农作物植保员	农业行业技能鉴定机构	水平评价类	《关于印发农作物种子繁育员等 17 个国家职业标准的通知》(劳社厅发〔2003〕3 号)
		动物疫病防治员、动物检疫检验员			《关于印发果树园艺工等 4 个国家职业技能标准的通知》(人社厅发〔2009〕99 号)
		水生物病害防治员			《关于印发农业实验工等 7 个国家职业技能标准的通知》(人社厅发〔2010〕89 号)
		林业有害生物防治员	林业行业技能鉴定机构		《关于印发森林抚育工等 11 个国家职业技能标准的通知》(人社厅发〔2015〕12 号)
51	农业生产服务人员	农机修理工	农业行业技能鉴定机构	水平评价类	《关于印发农情测报员等 4 个国家职业技能标准的通知》(人社厅发〔2011〕88 号)
		沼气工			《关于印发农业实验工等 7 个国家职业技能标准的通知》(人社厅发〔2010〕89 号)
		农业技术员			《关于印发农业技术指导员等 5 个国家职业标准的通知》(劳社厅发〔2007〕4 号)
52	康复矫正服务人员	助听器验配师	卫生计生行业技能鉴定机构	水平评价类	《关于印发第十七批铝制品制作工等 26 个国家职业标准的通知》(劳社厅发〔2008〕1 号)
		口腔修复体制作工			《关于印发反射疗法师等 3 个国家职业标准的通知》(劳社厅发〔2007〕11 号)
		眼镜验光员、眼镜定配工	人社部门技能鉴定机构会同有关行业协会		《关于印发第十五批模具设计师等 65 个国家职业标准的通知》(劳社厅发〔2006〕33 号)

序号	职业资格名称	实施部门（单位）		资格类别	设定依据
53	健康咨询服务人员	健康管理师	卫生计生行业技能鉴定机构	水平评价类	《关于印发反射疗法师等3个国家职业标准的通知》（劳社厅发〔2007〕11号）
		生殖健康咨询师			《关于印发第十七批铝制品制作工等26个国家职业标准的通知》（劳社厅发〔2008〕1号）
54	计算机和办公设备维修人员	信息通信网络终端维修员	电子通信行业技能鉴定机构	水平评价类	《关于印发线务员等4个国家职业技能标准的通知》（人社厅发〔2009〕78号）
55	汽车摩托车修理技术服务人员	汽车维修工	交通运输行业技能鉴定机构、人社部门技能鉴定机构	水平评价类	《关于印发中式烹调师等4个国家职业技能标准的通知》（人社厅发〔2014〕62号）
56	保健服务人员	保健调理师	中医药行业技能鉴定机构	水平评价类	《关于印发第七批速录师等14个国家职业标准的通知》（劳社厅发〔2003〕19号）、《关于印发中药调剂员等5个国家职业技能标准的通知》（人社厅发〔2009〕94号）
57	美容美发服务人员	美容师	人社部门技能鉴定机构会同有关行业协会	水平评价类	《关于印发第九批国家职业标准的通知》（劳社厅发〔2004〕7号）
		美发师			《关于印发船舶管系工等42个国家职业技能标准的通知》（人社厅发〔2009〕66号）
58	生活照料服务人员	孤残儿童护理员	民政行业技能鉴定机构	水平评价类	《关于印发孤残儿童护理员和灾害信息国家职业标准的通知》（劳社厅发〔2007〕26号）
		育婴员	人社部门技能鉴定机构会同有关行业协会		《关于印发平版制版工等23个国家职业技能标准的通知》（人社厅发〔2010〕39号）
		保育员			《关于印发船舶管系工等42个国家职业技能标准的通知》（人社厅发〔2009〕66号）

序号	职业资格名称	实施部门（单位）		资格类别	设定依据
59	有害生物防制人员	有害生物防制员	卫生计生行业技能鉴定机构、人社部门技能鉴定机构	水平评价类	《关于印发第十批玩具设计师等 68 个国家职业标准的通知》(劳社厅发〔2005〕1 号)
60	环境治理服务人员	工业固体废物处理处置工	化工行业技能鉴定机构	水平评价类	《关于印发紧急救助员等 6 个国家职业技能标准的通知》(人社厅发〔2012〕54 号)
61	水文服务人员	水文勘测工	水利行业技能鉴定机构	水平评价类	《关于印发河道修防工等 6 个职业(工种)国家职业技能标准的通知》(人社厅发〔2009〕69 号)
62	水利设施管养人员	河道修防工、水工闸门运行工	水利行业技能鉴定机构	水平评价类	《关于印发河道修防工等 6 个职业(工种)国家职业技能标准的通知》(人社厅发〔2009〕69 号)
		水工监测工			《关于印发水工监测工等 3 个国家职业技能标准的通知》(人社厅发〔2010〕108 号)

续　表

序号	职业资格名称	实施部门（单位）	资格类别	设定依据
63	地质勘查人员	地勘钻探工	国土资源行业技能鉴定机构	水平评价类	《关于印发地质测量工等6个国家职业标准的通知》（劳社厅发〔2008〕7号）
		地质调查员			《关于印发海洋环境监测工等6个国家职业标准的通知》（劳社厅发〔2008〕4号）、《关于印发地质测量工等6个国家职业标准的通知》（劳社厅发〔2008〕7号）
		地勘掘进工、地质实验员、物探工			《关于印发掘进工等7个国家职业技能标准的通知》（人社厅发〔2010〕61号）
64	检验、检测和计量服务人员	农产品食品检验员	农业、粮食行业技能鉴定机构	水平评价类	《关于印发第三批国家职业标准的通知》（劳社厅发〔2002〕1号）、《关于印发农作物种子繁育员等17个国家职业标准的通知》（劳社厅发〔2003〕3号）、《关于印发粮油竞价交易员等7个国家职业标准的通知》（劳社厅发〔2005〕10号）、《关于印发啤酒花生产工等9个国家职业技能标准的通知》（人社厅发〔2015〕5号）
		纤维检验员	供销行业技能鉴定机构		《关于印发第三批国家职业标准的通知》（劳社厅发〔2002〕1号）
		贵金属首饰与宝玉石检测员	轻工、珠宝首饰行业技能鉴定机构		《关于印发第三批国家职业标准的通知》（劳社厅发〔2002〕1号）
		动车检测工	机械、交通运输行业技能鉴定机构		《关于印发第十批玩具设计师等68个国家职业标准的通知》（劳社厅发〔2005〕1号）、《关于印发汽车客运服务员等5个国家职业技能标准的通知》（人社厅发〔2009〕76号）

序号	职业资格名称	实施部门（单位）		资格类别	设定依据
65	测绘服务人员	大地测量员、摄影测量员、地图绘制员	测绘地理信息行业技能鉴定机构	水平评价类	《关于印发大地测量员等5个国家职业标准的通知》（劳社厅发〔2006〕23号）
		不动产测绘员			《关于印发第五批国家职业标准的通知》（劳社厅发〔2003〕1号）、《关于印发大地测量员等5个国家职业标准的通知》（劳社厅发〔2006〕23号）
		工程测量员	测绘地理信息、国土资源、交通运输行业技能鉴定机构		《关于印发大地测量员等5个国家职业标准的通知》（劳社厅发〔2006〕23号）
66	安全保护服务人员	保安员	公安部门相关机构、人社部门技能鉴定机构	水平评价类	《关于印发保安员国家职业技能标准的通知》（人社厅发〔2014〕88号）
		安检员	民航行业技能鉴定机构、人社部门技能鉴定机构		《关于印发民航安全检查员国家职业标准的通知》（劳社厅发〔2005〕6号）
		智能楼宇管理员	住房城乡建设部门相关机构、人社部门技能鉴定机构		《关于印发第十二批房地产策划师等54个国家职业标准的通知》（劳社厅发〔2006〕1号）
		安全评价师	人社部门技能鉴定机构会同有关行业协会		《关于印发第十八批平版印刷工等20个国家职业标准的通知》（劳社厅发〔2008〕5号）

序号	职业资格名称	实施部门（单位）		资格类别	设定依据
67	人力资源服务人员	劳动关系协调员	人社部门技能鉴定机构会同有关行业协会	水平评价类	《关于印发第十八批平版印刷工等 20 个国家职业标准的通知》（劳社厅发〔2008〕5 号）
		企业人力资源管理师			《关于印发第十六批汽车加气站操作工等 10 个国家职业标准的通知》（劳社厅发〔2007〕3 号）
68	物业管理服务人员	中央空调系统运行操作员	住房城乡建设部门相关机构、人社部门技能鉴定机构	水平评价类	《关于印发第五批国家职业标准的通知》（劳社厅发〔2003〕1 号）
69	信息通信网络运行管理人员	信息通信网络运行管理员	电子通信行业技能鉴定机构	水平评价类	《关于印发第十八批平版印刷工等 20 个国家职业标准的通知》（劳社厅发〔2008〕5 号）、《关于印发电信业务营业员等 4 个国家职业技能标准的通知》（人社厅发〔2011〕114 号）
70	广播电视传输服务人员	广播电视天线工	广电行业技能鉴定机构	水平评价类	《关于印发广播电视天线工和电影放映员国家职业技能标准的通知》（人社厅发〔2011〕15 号）
		有线广播电视机线员			《关于印发有线广播电视机线员国家职业标准的通知》（劳社厅发〔2006〕3 号）
71	信息通信网络维护人员	信息通信网络机务员	电子通信行业技能鉴定机构	水平评价类	《关于印发电信业务营业员等 4 个国家职业技能标准的通知》（人社厅发〔2011〕114 号）
		信息通信网络线务员			《关于印发线务员等 4 个国家职业技能标准的通知》（人社厅发〔2009〕78 号）

序号	职业资格名称	实施部门（单位）	资格类别	设定依据
72	餐饮服务人员	中式烹调师	水平评价类	《关于印发中式烹调师等4个国家职业技能标准的通知》（人社厅发〔2014〕62号）
		中式面点师、西式烹调师、西式面点师		《关于印发平版制版工等23个国家职业技能标准的通知》（人社厅发〔2010〕39号）
		茶艺师		《关于印发第四批国家职业标准的通知》（劳社厅发〔2002〕10号）
73	仓储人员	（粮油）仓储管理员	粮食行业技能鉴定机构	《关于印发粮油竞价交易员等7个国家职业标准的通知》（劳社厅发〔2005〕10号）
74	航空运输服务人员	民航乘务员	水平评价类	《关于印发民航乘务员等2个国家职业标准的通知》（劳社厅发〔2006〕27号）
		机场运行指挥员	民航行业技能鉴定机构	《关于印发第十九批矿山救护工等22个国家职业标准的通知》（劳社厅发〔2008〕6号）
75	道路运输服务人员	机动车驾驶教练员	交通运输行业技能鉴定机构	水平评价类	《关于印发机动车驾驶教练员国家职业技能标准的通知》（人社厅发〔2011〕26号）
76	消防和应急救援人员	消防员	消防行业技能鉴定机构	水平评价类	《关于印发灭火救援员国家职业技能标准的通知》（人社厅发〔2011〕18号）
		森林消防员	林业行业技能鉴定机构		《关于印发第十二批房地产策划师等54个国家职业标准的通知》（劳社厅发〔2006〕1号）
		应急救援员	紧急救援行业技能鉴定机构		《关于印发紧急救助员等6个国家职业标准的通知》（人社厅发〔2012〕54号）

后　记

　　本书的写作发端于我国近年来对职业资格展开的大规模的清理工作。这一工作从 2007 年开始一直延续至 2017 年方初步完成。作为一个从事行政法学研究的人员，不能不对这一现象保持关注。

　　职业资格制度实际上涉及对公民职业自由的管制问题。在管制与放松管制之间，世界各国的立法与政策总是处于一种摇摆不定的状态。这一状况已持续了几百年，并且似乎还将持续下去。本书以职业资格制度作为管窥我国政府管制制度变革的一个窗口，期望亦可印证我国正处于社会转型期的若干发展轨迹。

　　本书系 2015 年度教育部人文社会科学研究规划基金项目"职业资格许可的范围与条件研究"（项目批准号：15YJA820017）的最终研究成果。本书的出版得到了浙江工商大学法学院的部分资助。浙江工商大学出版社任晓燕编辑为本书的出版付出了辛劳。我的研究生仇婷为本书中案例的整理提供了帮助。在此向上述单位和人员一并致谢。限于时间与精力有限，本书疏漏之处在所难免，恳请读者批评指正。

吕尚敏

2018 年 7 月于杭州